生死學叢書

傅偉勳 主編

生命的尊嚴

——探討醫療之心

日野原重明　重兼芳子
坂上正道　中川米造 著

鄭惠芬　呂錦萍　譯

林水福　審閱

東大圖書公司

國家圖書館出版品預行編目資料

生命的尊嚴：探討醫療之心／日野原重明，重兼芳子，坂上正道，中川米造著；鄭惠芬，呂錦萍譯；林水福審閱.--初版.--臺北市：東大發行：三民總經銷，民86
面； 公分.--(生死學叢書)
ISBN 957-19-2175-0 (平裝)

1.醫學倫理 2.宗教療法 3.生死學

198.41 86013045

ⓒ 生命的尊嚴
——探討醫療之心

著作人 日野原重明 重兼芳子 坂上正道 中川米造
譯者 鄭惠芬 呂錦萍
審閱者 林水福
發行人 劉仲文
著作財產權人 東大圖書股份有限公司
臺北市復興北路三八六號
發行所 東大圖書股份有限公司
地址／臺北市復興北路三八六號
電話／五〇〇六六〇〇
郵撥／〇一〇七一七五——〇號
印刷所 東大圖書股份有限公司
總經銷 三民書局股份有限公司
門市部 復北店／臺北市復興北路三八六號
重南店／臺北市重慶南路一段六十一號
初版 中華民國八十六年十月
編號 E 19036
基本定價 貳元肆角
行政院新聞局登記證局版臺業字第〇一九七號

ISBN 957-19-2175-0 (平裝)

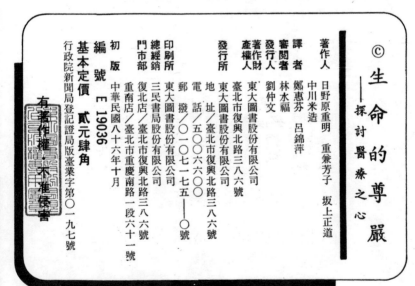

「生死學叢書」總序

兩年多前我根據剛患淋巴腺癌而險過生死大關的親身體驗，以及在敝校（美國費城州立）天普大學宗教學系所講授死亡教育(death education)課程的十年教學經驗，出版了《死亡的尊嚴與生命的尊嚴——從臨終精神醫學到現代生死學》一書，經由老友楊國樞教授等名流學者的強力推介，與臺北各大報章雜誌的大事報導，無形中成為推動我國死亡學(thanatology)或生死學(life-and-death studies)探索暨死亡教育運動的催化「經典之作」（引報章語），榮獲《聯合報》「讀書人」該年度非文學類最佳書獎，而我自己也獲得「死亡學大師」（《中國時報》）、「生死學大師」（《金石堂月報》）之類的奇妙頭銜，令我受寵若驚。

拙著所引起的讀者興趣與社會關注，似乎象徵著，我國已從高度的經濟發展與物質生活的片面提高，轉進開創（超世俗的）精神文化的準備階段，而國人似乎也開始悟覺到，涉及死亡問題或生死問題的高度精神性甚至宗教性探索的重大生命意義。這未嘗不是令人感到可喜可賀的社會文化嶄新趨勢。

配合此一趨勢，由具有基督教背景的馬偕醫院以及安寧照顧基金會所帶頭的安寧照顧運動，有了較有規模的進一步發展，而具有佛教背景的慈濟醫院與國泰醫院也隨後開始鼓動臨終關懷的重視關注。我自己也前後應邀，在馬偕醫院、雙蓮教會、慈濟醫院、國泰集團籌備的臨終關懷基金會第一屆募款大會、臺大醫學院、成功大學醫學院等處，環繞著醫療體制暨醫學教育改革課題，作了多次專題主講，特別強調於此世紀之交，轉化救治(cure)本位的傳統醫療觀為關懷照顧(care)本位的新時代醫療觀的迫切性。

在高等學府方面，國樞兄與余德慧教授（《張老師月刊》總編輯）也在臺大響應我對生死學探索與死亡教育的提倡，首度合開一門生死學課程。據報紙所載，選課學生極其踴躍，居然爆滿，出乎我們意料之外，與我五年前在成大文學院講堂專講死亡問題時，十分鐘內三分之一左右的聽眾中途離席的情景相比，令我感受良深。臺大生死學開課成功的盛況，也觸發了成功大學等校開設此一課程的機緣，相信在不久的將來，會與宗教（學）教育、通識教育等等，共同形成在人文社會科學課程與研究不可或缺的熱門學科。

我個人的生死學探索已跳過上述拙著較有個體死亡學(individual thanatology)偏重意味的初步階段，進入了「生死學三部曲」的思維高階段。根據我的新近著想，廣義的生死學應該包括以下三項。第一項是面對人類共同命運的死之挑戰，表現愛之關懷的（我在此刻所要強調的）「共命死亡學」(destiny-shared thanatology)，探索內容極為廣泛，至少包括（涉及自殺、死刑、安樂死等等）死亡問題的法律學、倫理學探討，醫療倫理（學）、醫院體制暨醫學教育改革課題探討，（具有我國本土特色的）臨終精神醫學暨精神治療發展課題之研究，老齡化社會的福利政策及公益事業，死者遺囑的心理調節與精神安慰，「死亡美學」、「死亡文學」以及「死亡藝術」的領域開拓，（涉及腦死、植物人狀態的）「死亡」定義探討，有關死亡現象與觀念以及（有關墓葬等）死亡風俗的文化人類學、比較民俗學、比較神話學、比較宗教學、比較哲學、社會學等種種探索進路，不勝枚舉。

第二項是環繞著死後生命或死後世界奧祕探索的種種進路，至少包括神話學、宗教（學）、文學藝術、（超）心理學、科學宇宙觀、民間宗教（學）、文化人類學、比較文化學，以及哲學考察等等的進路。此類不同進路當可構成具有新世紀科際整合意味的探索理路。近二十年來愈行愈盛的歐美「新時代」(New Age)宗教運動、日本新（興）宗教運動，乃至臺灣當前的種種民間宗教活動盛況等等，都顯示著，隨著世俗界生活水準的提高改善，人類對於死後生命或死後世界（不論有否）的好奇與探索興趣有增無減，我們在下一世紀或許能夠獲致較有「突破性」的探索成果出來。

第三項是以「愛」的表現貫穿「生」與「死」的生死學探索，即從「死亡學」（狹義的生死學）轉到「生命學」，面對死的挑戰，重新肯定每一單獨實存的生命尊嚴與價值意義，而以「愛」的教育幫助每一單獨實存建立健全有益的生死觀與生死智慧。為此，現代人的生死學探索應該包括古今中外的典範人物有關生死學與生死智慧的言行研究，具有生死學深度的文學藝術作品研究，「生死美學」、「生死文學」、「生死哲學」等等的領域開拓，對於「後傳統」(post-traditional)的「宗教」本質與意義的深層探討等等。我認為，通過此類生死學的種種探索，我們應可建立適應我國本土的新世紀「心性體認本位」生死觀與生死智慧出來，有待我們大家共同探索，彼此分享。

依照上面所列三大項現代生死學的探索，這套叢書將以引介歐美日等先進國家有關死亡學或生死學的有益書籍為主，亦可收入本國學者較有份量的有關著作。本來已有兩三家出版商請我籌劃生死學叢書，但我再三考慮之後，主動向東大圖書公司董事長劉振強先生提出我的企劃。振強兄是多年來的出版界好友，深信我的叢書企劃有益於我國精神文化的創新發展，就立即很慷慨地點頭同意，對此我衷心表示敬意。

我已決定正式加入行將開辦的佛光大學人文社會科學學院教授陣容。籌備校長龔鵬程教授屢次促我企劃，可以算是世界第一所的生死學研究所(Institute of Life-and-Death Studies)之設立。希望生死學研究所及其有關的未來學術書刊出版，與我主編的此套生死學叢書兩相配合，推動我國此岸本土以及海峽彼岸開創新世紀生死學的探索理路出來。

一九九五年九月二十四日傅偉勳序於
中央研究院文哲所（研究講座訪問期間）

「生死學叢書」出版說明

本叢書由傅偉勳教授於民國八十四年九月為本公司策劃，旨在譯介歐美日等國有關生死學的重要著作，以為國內研究之參考。傅教授從百餘種相關著作中，精挑二十餘種，內容涵蓋生死學各個層面，期望能提供最完整的生死學研究之參考。傅教授一生熱心學術，對推動國內的生死學研究風氣，更是不遺餘力，貢獻良多。不幸他竟於民國八十五年十月十五日遽爾謝世，未能親見本叢書之全部完成。茲值本書出版之際，謹在此表達我們對他無限的景仰與懷念。

東大圖書公司編輯部　謹啟

序

「醫療與宗教協會」創立於昭和五十九年十二月；在此之前，日本醫學界不曾把屬於科學領域的醫學和宗教一同思考。

十年前日本醫學界開始研究「臨床死亡」，此後，不僅是研究會會員，舉凡醫生、護士以及其他醫護人員也都開始透過死亡來了解生命。

「醫療與宗教協會」是由全國重視宗教功能的醫生、護士、社工人員與佛教、基督教、神道等各派宗教家共同創立，他們期待以更寬廣的角度去思考生與死的問題。

本書中所蒐集的論文皆是以生死與宗教醫療的角度所寫成，在每個月的聚會中發表；我想這大概是日本最先以這類主題為文的出版品吧！相信此書將給一向對生命採取冷漠態度的醫學界以及和醫學界毫不相容的宗教界帶來一大衝擊，更期待透過此書提供日本醫學界一大新方向。

聖路加看護大學校長

日野原　重明

生命的尊嚴

——探討醫療之心

目次

疾病、死亡和文學

日野原重明

一、生老病死和現代醫學

開始即考慮結束

今天我想以死亡問題為中心，就其與醫學、護理、文學及宗教間的關聯，將平常所想的和大家做個說明。

今日聚集在這裡的，大部分是醫療從業人員，或是埋首努力研究死亡問題的人，甚至是家中有瀕死患者的家屬。我的話題焦點，指的是廣義的醫療從業人員，不單是診斷、注射、護理等人員，還指所有從事看護的人，甚至包含社會義工等相關的醫療人員，原則上在此想談如何自我訓練。

人生最大的問題，釋迦牟尼說得非常恰當，就是「生老病死」。一生可歸納成這四項，這四項總括了我們的生命。誠如所述，如何理解、看待年老、疾病和死亡，就決定了我們的「生命」。因此，無論是怎樣的病苦、衰老和死亡都是「生命」的一部分。最後來臨的「死亡」若和一生有如此密切的關聯，那麼我們理應從出生開始就必須考慮到「死亡」。

雷歐那魯特・達・芬奇說得很貼切：「開始即考慮結束。」達・芬奇擅長彫刻、繪畫，他是一位解剖學者，也是各種設計的好手，甚至連飛機都能設計。他所留下的名言中，最重要的一句就是「開始即考慮結束」。他認為從結局來說，一開始以什麼為能源、採取何種方法，由於引用的方法不同，就已決定了結束。

對於活著這個問題，以及其中所包含的年老、生病和死亡，醫學、護理學應如何對待？首先我想提出若干反省。

醫學進步和死亡自覺

醫學是從「治療醫學」開始的，最先起於對應頭痛、發燒、上吐、下瀉所施行的對症療法。古代醫學還稱不上是真正的醫學，在自然科學付之闕如的當時，大都是由母親看護病痛中的孩子。雖沒有科學，但受到母親憐惜孩子、想替他承受病痛的心情催促，以及看護者體貼病人並設法減輕其痛苦，於是從經驗中了解到該保暖或冷敷，產生功效後，自然在附近和鄰村傳開，慢慢就形成了民間療法。

醫學的確是由減輕病痛開始的，經過很長一段時間才進步到醫治疾病的治療醫學。若不曉得為何會腹瀉，疾病就根本無法治療，於是在窮究緣由之下而促成醫學進步。接著，醫學導入科學、發現病原體，真正的治療醫學才告出現，產生了過去三百年前所沒有的治療醫學。

醫學進步的過程中發明了顯微鏡，研究出各種依化學反應診斷的科學方法。由於止痛並非對症性的醫學，因此為了追究基本病因，就興起了找出病原的診斷醫學。緊接治療醫學、診斷醫學興起的是預防醫學。距今二、三百年前，琴納為了防治當時稱為天然痘，現在叫做痘瘡這種要人命的疾病，嘗試將痘苗接種在詹姆斯・菲利普斯這名小孩身上，接種成功後因天花死亡的病例就不見了。這種預防醫學在很早以前就已萌芽。

現在即使有第二個琴納出現，也不允許將小孩當作實驗品了。一個月前，加拿大首都渥太華舉行了一場有關生命倫理的重要會議。每個國家派出三名代表出席會議，有科學家、法律學者、心理學者、哲學家、經濟學者等人，我也代表日本出席了會議。把小孩當試驗品是否可行？取得志願者同意可否進行人體實驗等都成了重大論點。德國輿論是不准利用小孩進行研究的，因為使用新開發的疫苗，萬一性命保住卻留下了後遺症，這種不幸會加在何人身上？研究者徵得雙親同意「將小孩當實驗品」，萬一會危害小孩，雙親是否有權利答應等等問題也引起爭論。

這使我深切地感受到，今後醫學的研究涉及人命時將不能再使用過去那種殘忍的實驗了。比方，發明了新疫苗，為了防止大量的人死亡，可否犧牲某人的性命？要犧牲誰呢？個人的危險和眾人的利益如何取得平衡？這新的生命倫理問題正衝擊著醫學研究，今後利用人類來實驗將非常困難。與會的已開發國家中對這點討論最少的是日本。我是以開發中國家代表的心情出席會議的，日本若能多重視人的性命，和平自然就會緊跟著來。我懷著這種強烈的期待回國。

其次，這四、五十年間興起了利用起搏器、人造復甦器、人工透析、心臟移植等無法治癒疾病卻能延命的醫學，即使成了植物狀態沒有意識的病人，利用機器還可延長壽命三、五個月或一年、三年，這又產生了新的問題。

具備尖端技術的醫學雖不斷地開花結果，然而臨終醫學才剛萌芽。臨終醫學也許可稱為幫助死亡的醫學，如同治療醫學叫作 to cure，診斷醫學稱為 to diagnose，預防醫學稱作to prevent prevention，延命醫學為了促使生命如橡膠般延長，又叫作to prolong一樣，後來興起的臨終醫學便是為了幫助死亡。這並不是指幫助病人自殺，而是在死亡來臨前的每天都幫助他生活，幫助他在死前活著，有意義的活著。不只有氣息地活著，還須考慮生活品質，這才是收容所的精神。臨終醫學的本質不是幫患者止痛安樂死去，而是讓他覺得今天活著真好，這才稱得上是 help 的臨終醫學。

考慮臨終醫學的同時，死學、死亡學一定也會接踵而來，醫學就像這樣由治療醫學、診斷醫學、預防醫學到延命醫學，最後死亡終於來臨。死亡學牽涉到醫學、看護和其它醫療，現在才考慮死亡學或許已經太遲了，但是我們回顧之前的醫療歷史，現在覺醒來思索死亡仍是非常具有時代意義的。

與感性疾病的約會

阿爾芬思・德根先生等人提倡探究死亡必須具備死亡教育的素養，他經常說「人類是因死亡而存在」。人類和其他動物不同之處在於，動物像狗即使會由於生病而痛苦，但是人類卻能在健康時就預測、相信死亡離健康不遠。只有人類才能真正了解死亡是老早以前就已決定的。

T・S・艾略特曾說「我的生命之初含有死亡」，這和剛才德根所說的名言相呼應。死亡一定會降臨在我們面前，雖然不知它何時來臨，但是在那之前大家都希望能健康地活著。眾所皆知「健康的心理寓於健康的身體」，我也是最近才知道這句話是從希臘還是哪個地方逐漸傳來的，但是好像被誤傳了。

仔細調查後發現這句話和羅馬詩人由貝利烏斯所寫的一首詩類似，原文是「人類從神那兒獲得無數的寶物」、「將來會如何並不是我們可以決定的」，歌頌神賜與我們諸多事物之後是「儘管如此，當諸位在這聖堂裡，供奉白豬未受污染的內臟、肝腸作為祭品時，請向諸神如此祈求：『願健康的身體裡有顆健全的心』」——而非健全的心理寓於健康的身體。有活力的人並不一定是有健全人格的，向神祈求健康的身體裡有顆健全的心後，下一句也寫得很好：「願冷靜與剛毅地面對死亡的恐怖」、「願視人生終點為自然所賜，願迎接多重的考驗、殘酷的責備、痛苦等挑戰之後仍積極進取。」

大家若能把死亡當作是大自然的賜與，就達到人的最高境界了。但若無法達到的話，怎麼做才能朝那個方向接近就成了重要課題。

今天的講題和文學、宗教有關。死亡和文學究竟有什麼關聯？我想舉幾個例子來說明。舉這些例子是有感於現在醫學部的學生，尤其是國立大學的學生在數理方面都很優秀。較艱深的問題，若沒有數理才華是解不出來的，所以物理、數學的實力差別很容易就顯現出來。據說數理強的學生，老師都會要求他們念國立的醫學系，至於其他科目隨便讀讀就算了，因為讀醫學系的學生人數決定名校的排名順序。

但是，數理不強並非就代表不能成為好的醫生。數理強也許對研究有幫助，然而要成為臨床者或護士，其他方面卻比這些還來得重要。醫學系或護理學校的學生必須了解病人的心情，不是用大腦去理解，而是要懷著高度的感性產生共感。然而大部分的學生都未重視這些就成了醫生、護士，尤其是醫生更是如此。醫療從事者或看護者若不是專家，也必須是能體會患者病痛的人。他們若無法感受病人瀕臨死亡的不安、難過、寂寞、痛苦，就不能成為病人的朋友，也就無法成為真正的醫生去照顧病人。

那麼要怎麼做才能提高感性呢？最好的方法是生病，不少作家在生病時寫出極佳的文學作品。大家都知道《出家與其弟子》這本書吧！我們在當學生時幾乎人手一冊，那是倉田百三二十幾歲時寫的，書中真實地描述死亡及對死亡最初的恐懼。這本傑作不是在他身體健康而是當他生病療養時寫的，換言之，就是在他感受最強烈時寫出來的。因此，作家必須是苦悶的。不曾失戀的作家無法描述失戀，虛構是寫不出來的。就像患者因病而痛苦般，作家若沒有苦惱便寫不出真實、有感染力的作品。

這也就是說，醫學系學生如果生過病就比較能體會病人的苦痛，即使以前感性非常薄弱，也許會因此而改變也說不定。在這個除了交通事故外就難得生病的時代裡已經沒有結核病了。當我唸醫學系二年級時，得了結核性肋膜炎，連續八個月發燒達三十八度，連廁所都不能去，每四小時要換一次溫濕布。原是想利用溫濕布退燒卻完全無效，當時只有自然療法而沒有化學治療，於是只能每天望著狹隘的天花板躺著。雖然好不容易直升醫學系，但在經過一年的療養後，競爭對手卻早我一年畢業去修博士課程。現在留級雖說沒什麼大不了，但是慢了一年的遺憾卻無可言喻。那時雖拜託雙親讓我交學費好參加三月的期末考，但是交了學費卻休學了一年，終於還是不能去參加考試，一年就這樣白白浪費了。接下來的一、兩年得了憂鬱症，由於這苦悶的憂鬱，我的程度落後了，經常會抱怨「我沒做過什麼壞事，為什麼卻得了這種病？」

當了五十年的內科臨床醫生，我到今年三月就要邁向第五十一年了，很幸運地未得老年癡呆症而可以在此演講，但是我最感謝的卻是當年踏出人生第一步時的慘痛回憶。在聖路加醫院查房時，若碰到躺在床上三個月、六個月的年輕人，我就會對他們說：「我曾經八個月都不能去上廁所，你還能去，不錯啊！很快燒就會退，那時候要多讀書啊！」我對年輕人究竟都看哪些書很感興趣，所以再次查房時會問他「告訴我想看什麼書」，或是把手搭在年輕人的肩上說「我下星期還會來喔」，那種觸感即使到現在也無法忘懷。對年輕人而言，那應該比消化劑或促進食慾的藥有效吧！

這麼一想，我就覺得自己非常幸運。雖然當時不認為如此，但是就好比快樂地去滑雪後卻發現得了結核病般，若沒有這件事，就無法琢磨出成為醫生的感性。這讓我深深地感受到人們不了解未來。美國或日本大部分的學者會認為他們可以預測未來日圓兌換美金會變成140:1或更低，可是大概沒有人有勇氣敢明確地說出來吧！人類的知識常是不可靠的，我們犯過無數的錯誤。在生病時認為很不幸的這一年，其收穫卻是三、五年都換不來的，因此再次恢復健康的我認為這是成為醫生很重要的一環。

病人的感性是很驚人的，你們之中在年輕時沒生過病的大概很多吧！不生病固然比較好，可是沒生過病的人卻有不知生病為何物的缺點，生病的人要認為這正是人人會有的事，才是積極的療養法。

但是我卻希望沒有生過病的人也能擁有感性，那要怎麼做呢？光是讀再多的醫學、護理學、心理學是不夠的，感性不是經由學問獲得的，而是經由人們相互接觸，或生病的人觸及自身的心靈才能逐漸培養出來。若沒生過病要如何才能提高感性呢？最好是多讀詩、看小說、欣賞戲曲或聽音樂，康德曾說音樂是藝術之最，生病時所聽的音樂是最奇妙的，比平時聽的還特別。但是當發燒減退，可以看點東西時，所讀的書卻成了我一輩子動力的來源。達・芬奇說生病時讀的作品會成為生涯裡三十年、四十年、五十年的能源，這句話我是體驗後才理解的。

如此說來，為了提高感性，文學是必要的。然而現在的年輕人卻只讀考試會考的概要，不重視文章的內容，就這樣成了醫生或從事其他各種行業。日本的教育正需要臨時教育審議會加以大膽改革了。

現代教育的缺失

今天八點的ＮＨＫ播出關於我的節目。ＮＨＫ請我將六十五年前學的方法以一小時時間教神戶諏訪山小學的小朋友。他們問我如果我是小學老師，要如何接近小朋友。於是我就去教小朋友了。我告訴學生說六十五年前我們的桌子是這樣排列的，七、八個人一組自己學習。那是六十五年前我在美國的多爾頓兒童大學學的因材施教教學法。學生選擇自己喜歡的題目研讀，然後發表心得，老師則在旁協助。反觀現在的教育，普遍來說效率慢又差。我告訴學生機會不是常有的，不能光從老師那兒獲得知識，必須要靠經驗學習，因此教導他們經驗學習的實驗法。

培養小孩感性的教育相當重要。日本的教育雖然稱得上十分先進，但是前一陣子在東京舉行的高層會議，各國新聞記者、媒體報導者聚集的大谷飯店裡，背景正是各國諾貝爾獎得獎人的大照片。大家都曉得日本醫學很發達，可是到今天日本醫學系畢業的醫生卻還沒有人得過諾貝爾醫學獎，大家都覺得不可思議。這是日本人令人難懂的一個例子。

中曾根先生說過美國有黑人及其他種族，以至於水準較低。然而日本大學畢業生很多，水準也高，優秀的學生又都讀醫學系，為什麼在日本唸書就得不到諾貝爾獎？這是因為沒有一套真正培養學者的方法。國外的教育是讓學生在小學、國中、高中之前依興趣自由發揮，最後難關的一關才在大學實施。但國內卻相反地，一考進大學後就得了五月病，學習意願完全喪失。歸究原因在於進大學前，他們沒有青春歲月。這樣的教育不是完全忽視了人的感性嗎？

說起文學大家會聯想到神話吧？文學的產生和宗教有非常密切的關聯，現在留存最早的文學是神話。希臘有精彩的神話，日本也有，雖稱不上很完整，但日本的《古事記》、《日本書紀》中也有記載。今日留存最早的文學是宗教文學，有很多都是非常古老的作品，漸漸地步入中世紀，文藝復興之後，文學才完全脫離宗教獨立，發展為不局限於宗教的自由的文學。在這過程中，文學主題脫離歡樂，描寫人的煩惱、苦悶、失戀、死亡、暗殺等。強忍失去愛人的悲傷所寫出來的詩、小說打動了無數人的心。若不曾失去至親的好友，才高如丁尼生亦無法寫出〈追悼〉這首追悼友人的悲淒詩篇。作家經由切身的苦痛創作出詩、戲曲、小說等真摯的文學作品留存於世。

如果我們對於過去的人呈現於作品的苦悶和追求有興趣的話，就可超越時代，活在過去。經由文字，不只現代盛行的文學，還可接觸到我們不懂、甚至不曾碰觸過的古代文學。讀佛典、看《聖經》，接觸二千多年前的文獻。在醫學方面，我們可以像亞里斯多德、蘇格拉底一樣讀二千四百年前寫的文章。當時沒有速記、影印，為什麼柏拉圖全集這本巨著能留存下來？然而蘇格拉底及弟子對談的記錄的確寫在那裡。

蘇格拉底問弟子當醫生最重要的是什麼？首先，若說是救人命，不如說是至少不要加害病人。現在情形怎樣呢？醫生不是常給病患不需要的藥物嗎？不是常做不必要的檢查嗎？不是常盤算著好歹多增加一點收入嗎？

若問醫生是否願意把自己的小孩當成實驗品？他大概會說「不」。但是基於研究上的興趣，醫生卻會提起勇氣，對病人施以危險的實驗，這只能稱為蠻勇。如今參加最高會議的許多國家已有不准把人當實驗品的規定，所有醫學的實驗都必須公開，實驗若有危險性就不被接受。反觀日本則重視多樣化的實驗而忽視人的性命，醫生不告訴患者會有危險，患者也以為一切ＯＫ。然而如果患者問醫生「也對自己的小孩這樣做嗎？」醫生肯定答不出來。

像這樣，醫生理應重視患者如同自己所愛的妻兒，來決定如何對患者作治療，但是受迫於學會為了增加病例的要求就做實驗，簡直不把人命當一回事。雖然有良心的醫生、護士也很多，但為了研究學問被迫不得不如此做時，就產生非常嚴重的問題。

我常要醫學系學生多讀文學作品，那是因為年老、生病對人是非常重要的問題。儘管每個人都會老去，年輕人卻不知年老為何，感性敏銳的作家就經常描述到年老彷彿是另一世界。比方距今三百多年前，稱得上是感性最豐富的作家莎士比亞就曾在〈麥克佩斯〉戲曲中這樣寫道：「我已活得夠久，生命如黃葉般枯萎。那些隨著年長應有的名譽、愛、順從、朋友，對此我已不再抱持任何希望。」——老人覺得內心充實最重要的是愛、順從、身旁的友人，然而這簡短的幾句話，卻充分顯示出無法擁有那些希望的老人孤零零的身影。

不只如此，更有甚者，「沒發出聲的強烈咀咒，嘴邊的尊敬，這些都是我極力想推開卻推不開的悲哀」——〈麥克佩斯〉裡描述了這種狀態下的老去。莎士比亞詳盡地描寫老人不幸的身影和死亡，但他並不意謂著年老就是不幸的，而且死亡也不用忌諱。他大膽地指出永生的生命便是基督教式的一種信仰實踐。

二、描述死亡的文學

缺乏臨終醫療的近代醫學

我想介紹大家幾本探討死亡的作品。沒有豐富的感性就無法理解死亡，也無法體會病痛。描述死亡的文學裡包含什麼?敘述病痛的文學中蘊藏何物?這是我想和大家一起探討的。

我們無法漠視死亡，人沒有例外都會死。但是在死亡的過程中，人類的尊嚴和幸福卻被忽視了。看一看在醫院死去的病患，他們的前半生或大半輩子也許很風光，很令人羨慕，然而在死亡的前一個月、前一週，甚至是前三天，情況卻再也沒有比這時更悲慘了。嘴裡插了管子，無法說話也不能答謝。喉嚨也插著管子發不出聲音。尿道一樣插著管子，身體到處都是管子。利用儀器施行人工呼吸時，連人類使用的語言都說不出來。大多數人臨終時只能像動物般死去。

為了死得有尊嚴一點，收容所乃因應而生。我們看看狗是怎麼死亡的呢？狗都是獨自悄悄地到角落靜靜地死去，人卻甚至有著更悲慘的死法。比方成了植物人後也許只能再活一、二個星期，於是就遭到輕率的對待，痛苦時也只能靠大量的鎮靜劑。因此，人類生涯中最不幸的時期應算是臨終時吧！如果有完善的收容所和完備的照顧，七十五歲死亡時，在七十四歲之前還能真正地受到體恤，這樣即使覺得生命是悲慘的人，在最後的半年、三個月、一個月也會認為活著真好，彷彿從前的苦痛全都消失了。但是相反地，如今的情況卻是生前愉悅，臨終卻承受莫大的痛苦。大部分的人都是無法言語悶悶地死去。缺乏臨終醫療的近代醫學，的確潛伏著相當嚴重的問題。

一九六六年，距今二十一年前，美國最有權威的醫學雜誌《新英格蘭雜誌》曾針對醫師發表了以下的論點：「死亡是無法漠視的，然而在死亡的過程中，人類的尊嚴卻常被忽視，欠缺考量，缺乏感性，過於科學化的護理反而忽視了人類的尊嚴。對待即將死亡的患者，我們必須時常提醒自己。也許我們可以戰勝死亡，讓病人多活幾天，甚至有時還會戲劇性地逃離死亡，然而終究還是得認清，人類的宿命是無法改變的。」每個人終將死亡，我們無法使病患起死回生。這種平時就須重視患者人格的卓見，美國二十年前就已針對醫師發表在醫學雜誌上，可見國外當時就有臨終醫療的認知，在這方面日本是相當落後的。

寫過《生活的藝術》一書，闡述有關愛的美學、技巧的艾利・夫羅姆是個心理學者，他對東方的禪學評價極高，認為不論是關懷他人或創作藝術作品，與醫療都有共通的追求。也許說醫療是藝術或技術不太妥當，但與其說它是一種手工，倒不如視它為一種具有感性過程的藝術。藝術的實踐，亦即剛剛提到的共同追求必須具備以下幾點：自我訓練、精神統一、刻苦努力、懂得克制等。如缺乏這些要件，就無法學得真正的技術，也就無法體會對待患者的技巧。因此必須努力以熟習美學為第一要務，最後則必須對自己和其他事物都有敏銳的感性。如此一來，不論是藝術創作、愛所愛的人、或照顧病患，都能體會出藝術美學。

最後我想強調的是感性的重要。我在高中，甚至大學生病時都覺得小林秀雄的文藝評論非常精彩，相當喜歡閱讀。他是高見澤順子的兄長，你們之中也許有人看過順子的作品。她曾這樣描述過兄長，雖是簡短的幾句話，卻道盡小林秀雄的論點：

「人不管知識學問多豐富，若沒有溫柔的心，就稱不上是真正的人。溫柔的心即是感性。」那位偉大的文藝評論家留下了這樣的名言。不論多有知識、學問、技能，感性還是最重要的。沒有感性就不知如何對待病人，更無法了解、照顧、安慰、鼓勵他們，所以我建議現在的年輕人，找位感性豐富的作家，時常接觸他們的作品。

我非常欣賞莎士比亞的文章，家父去美國時偶然買回一套英文版《莎士比亞全集》。家父三十年前去世了，書就放在書房裡。我雖對莎氏作品感興趣，但總覺得閱讀原文相當困難，於是長年來就只是看翻譯書，讀到優美的辭句後再查原文記在腦子裡。莎士比亞在《哈姆雷特》一書中曾說：「生命就是生者必將死亡，死亡是自然通往永遠的路。」在《凱撒大帝》一書中也說過：「膽小鬼經常畏懼死亡，勇士則只有一次面對死亡。然而令我驚訝不已的卻是這注定要來到的死亡，人們是如此地害怕。」

莎士比亞認為死亡是人類最終的目的，是生而為人必然會有的結束。他的生死觀和基督教相同，也就是說他內心擁有永恆生命的觀念；另一方面又嚴厲地批判甚至咒罵人類的生活。在他的作品中想要表達的是「生」的重要以及「生命」通向永遠的思想。

莎士比亞如何描述人類的死亡呢？舉《哈姆雷特》為例：「沈睡的死亡，這令人厭惡的人生重擔，我們為何要流汗痛苦掙扎、忍受呢？那是因為害怕死後的不可知。為何直嚷著好苦好苦卻不自殺，仍忍耐地活下來呢？那是因為害怕死後的未知，所以此刻才忍受著。」

「死亡是未知的國度，沒有任何旅人從那國境返回。與其到陌生的國度旅行使自己的意志受挫，倒不如留在淒慘的現世」——寧願留在淒慘的現世是因為旅行者一去不復還，因此或許說是對未知的不安更恰當些。死後究竟有無審判？有無地獄？如果有的話，還是活在現世較好，愈有這種想法，就愈會想活在辛苦的現世裡。因此雖說死亡是自然的賜與，但還是無法保持冷靜沈著的心。

愛人及人格形成

剛才司儀朗頌了泰戈爾的詩。泰戈爾是東方第一個獲得諾貝爾文學獎的偉大詩人。在我唸中學時他曾來過日本，因此總覺得對他有份親切感。在泰戈爾八十歲大壽前，我曾預言他無法度過隔年的生日，果然在次年的壽旦前逝去，只留下「最後的詩篇」：「明年生日時，也許我已死去，只盼好友在旁。」老年人最需要的是朋友，而且是單純沒有利害關係的朋友。《論語》上不也說：「有朋自遠方來，不亦樂乎？」

事實上昨天在故鄉京都我有高三的同學會，由於今天一大早就有我主講的專題討論會，而京都比叡山的同學會又希望我出席說幾句話，所以我昨天搭二點的新幹線，到達比叡山已六點，聊到七點才又搭新幹線回來。會中我和大夥兒談起真的好久不見，既然專程來了，就和大家聊聊上了年紀的健康概念，大家要記住死亡比我們想像的還要來得快，要早點做準備。最後，要是能真摯地感謝太太說：「這樣說可能有些無理，不過留下一點錢，希望你未來的六年裡能過快樂的日子。」如此，太太將會是多麼幸福啊！（在日本妻子比丈夫平均長壽六歲）

下個月底，ＮＨＫ將播放五天的「人生四季」，岩波書店打算將內容集結成書。其中我談到了同班同學木島。他逝世前二、三天在浜松給我的最後遺言是「日野原，我先走一步了，你晚點兒也會來。」他罹患大腸癌和肺癌，癌細胞轉移到腎臟，連膀胱都插上管子，竟然還能和妻子到絲路旅行。我收到他從敦煌寄來的明信片，嚇了一大跳。癌細胞漫延到全身，竟然還能到中國絲路旅行。

逝世前四天，他在病床上完成〈臨終的關懷〉這篇論文。他現身說法寫出了臨終患者所需的關愛，這篇文章曾刊載在醫學雜誌上。知道自己即將死亡，卻能坦然地接受，他是個相當熱忱、真摯的佛教徒，非常尊重祖先，也是個誠實的人，每個朋友都喜歡他。能受到朋友的喜愛可說是最幸福的。他也是個認真的人，擁有偉大事業卻決不自誇。他是我們面對死亡時的最佳典範，讓我們了解人生還有這樣的生活方式，也給了活著的眾人面對死亡的勇氣。

泰戈爾寫過這樣的詩：「現在我的行囊已空，能給的我都已給了。如果想回饋我什麼，就請給與我愛和寬恕，我將帶著它在人間旅行。」這是感性豐富的詩人所寫的親身體驗，雖不能做為我們精神的食糧，卻絕無說教意味。它是一首實際描述人生道路的詩，讀後不禁讓我們想進一步探究作者的成長背景，是怎樣的老師和怎樣的書籍才造就出這睿智的泰戈爾？

我所尊敬的約利安・歐斯拉博士為何能夠成為偉大的內科醫生？據說在他十

六、七歲時，老師就叫他讀十六世紀醫師兼作家的湯瑪斯．布來恩所寫的《雷地奇歐．梅帝的信仰》，老師告訴他那本書非常好，想寫文章就要熟讀湯瑪斯．布來恩的作品。為了了解布來恩出生在英國何地，如何成長、生活，我也打算閱讀他遺留下來的《雷地奇歐．梅帝》，接著為了調查湯瑪斯．布來恩私淑何人，逐漸地引發了我想看柏拉圖、亞里斯多德等人的古典名作，讓我深深感受到二千四百年前寫的文章仍真實活在今天。二千四百年前的人一點也不比現代人差，不，應說超過現代人。人類創造文明，文明的背後有著美麗的景觀，然而人類在二千年前，甚至二千四百年前，在釋迦佛佗、基督的時代裡，就已具體存在著今天我們望塵莫及的人格。

怎樣才能認識那些真摯的人呢？我覺得只有透過語言才能與他們接觸，經由閱讀作品才能了解他們。而感性則須讀詩，尤其是生病時讀詩，特別能感受詩的含義。反之，若朝氣蓬勃地去探望病人就顯得不太合宜，就像聊棒球或其他事一樣一點也不好。然而病友來訪，尤其是同樣病況的友人來訪時，反而會有患難與共的親切感，是最好的方式。探病的人最好有這種常識。

安排自己的死亡

生病時的文學創作、文學鑑賞也很重要，這留待後面再談。我想繼續談「死亡」。在我高中時，現在在京大教授德國文學的大山老師，一畢業就當德文老師教我們讀詩。在讀了三個月的A、B、C後，老師在黑板上寫下里爾克的詩。里爾克寫得一手好詩，留存下來的有很多是關於「死亡」的詩。然而他的詩一點也不灰暗，相反地相當豐富。就讓我來吟首里爾克的詩吧！

如下所示：

神啊！請賜與我們原有的死亡，
請賜與我們愛及發現自我的悲傷，
那自生命中誕生的固有死亡。
為什麼呢？因為我們不過是片葉子或樹皮，
死亡是我們內心擁有的果實，

——一切都是這果實所幻化。

我們的軀體不過是副皮囊，擁有的果實如種子般，內藏的東西才是我們本來的面目。死亡代表每個人，因此一生就是如何摸索死亡，也就是每個人的生命。他想表達的是死亡蘊藏於生命之中。

固有的死亡有相當深的含意。了解死亡，不只是領悟死亡的定義，友人的死、愛人的死、自己的死都只不過是死亡之一貌，如何了解、創造出世上個別的死亡是很重要的。就像每個人的面貌都不一樣，死亡必須代表自我，那就有賴於我們的價值觀。依據價值觀，我們雕刻、設計死亡。

哲學家海德格給里爾克的詩非常高的評價，他曾說：「我用哲學思索方式，里爾克以詩呈現它。」他用高難度的文章探討哲學，里爾克卻以明朗的文辭表現，因此給予相當高的評價。里爾克相當巧妙地把人類隱藏的情感表現在創作上，他教導我們活著的時候就必須意識到死亡、發現死亡、計畫死亡，在他的詩〈信〉中有相當詳細的描述。

他引導我們生命最終的關鍵點不是死亡，而是一種根源，如何具體呈現根本的自我才具有真義。「神啊！請賜予每個人原有的死亡」——這不是最真摯的言辭嗎？他祈求「賜與每個人去發現愛、唯一、悲傷，賜予每個人去發現自生命中誕生的固有死亡」。在其他詩中他也曾寫道：「究竟有多少人關心、巧妙地設計死亡呢？」以此詢問世上到底有多少人親自設計死亡、關心死亡、懷念死亡？

儘管這很重要，但為什麼大家卻仍排斥死亡，不把它當做是自己的問題呢？為什麼有人去世時，對於死亡的追思、家人的懷念是如此冷淡呢？事實上現在在日本，小朋友或年輕人看到倒在路旁喘氣的人，還會用腳去踹他們，就像踹垂死的狗一樣，這實在令人感慨。緊接我們之後要當日本中流砥柱的年輕人竟然這樣，小孩不再探望年長者，就像有則實例說的：有位老爺爺臨終時，在他嚥下最後一口氣前聽到的是什麼呢？是他的小孫子看到爺爺時說的一句話：「好髒喔！」他把爺爺比喻成骯髒的醜八怪，抹殺了以前和爺爺的關係，視死亡為「物品」，這難道不是當今日本家庭非常危險的悲劇嗎？

收容所的精神是個別對待患者

我所景仰的美國老師約利安．歐斯拉，曾任牛津大學教授，死於一九一九年。這位老師相當尊敬哈佛大學的外科教授奧利佛．威普．歐姆茲。歐姆茲是個有名的作家。作家兼醫生的他在當實習醫生時所寫的論文〈學問與臨床教育〉中曾提到「儘管醫學本身是科學，但醫藥學校並非科學學校」——也就是說，雖可認定醫學是科學，但是醫藥學校並不是科學學校。從病情的改善、惡化及結果來看，是可以把治病歸類為科學，但是照顧、治療病患光靠科技卻不夠，尤其對於死亡更是如此。「與其需要科學，倒不如說需要真心、技巧對待患者。」德國醫生傅費朗所說的這些話，這位美國作家兼醫生的奧利佛．威普．歐姆茲也說過，歐姆茲是位偉人，但心中仍然有老師傅費朗。

傅費朗曾說：「當醫生大致能掌握疾病時，就必須個別地對待患者。」也就是說，當能夠普遍地了解肺癌、心肌梗塞等疾病時，對待這個肺癌患者和那個肺癌患者是完全不同的，其中是有個別差異的。疾病雖然雷同，病人卻完全不同，所以和他們的相處也就不一樣。以上是歐姆茲所介紹的傅費朗的想法。個別對待指的是個別處理人的死亡，我們必須幫助他們死得像他們自己，就像我們希望死得有自己的風格一樣，也必須幫助他們去注意他或他所愛的人是否也有特色的死亡，這是相當重要的。

這也是收容所的精神。醫生和肺癌、心肌梗塞等器官交戰，但實際的問題是，痛苦的是患者，不是器官。病入膏肓時我們該怎麼辦呢？忙碌的醫生、護士該如何調配時間給予患者呢？點滴或許還在注射，然而病人最後需要的是我們能給予他寶貴的時間。節省時間是無法照顧病人的，但是花時間卻不會增加收入，因此實際上在日本很多醫生都只顧打針賺錢，這樣的醫療不是太冷漠了嗎？

三、疾病與文學

《徒然草》的教訓

龜井勝一郎在一篇評論中提到，作家倉田百三年輕時曾得過腳氣病，當時寫的作品《出家與弟子》稱得上是他的傑作，然而倉田百三健康時卻未寫出好作品。肉體的痛苦限制了溫馨的內容，卻造就出不朽的名著。疾病應該是非常耗損體能的，但反而成了創作的動力，秘密究竟在哪裡呢？

其實秘密在於生病時有三大體會，首先是生病後才察覺生命的重要。出了問題、生病後才首次自覺到稍不小心就可能死去，應該更注意珍惜自己的生命，第一次察覺到健康的可貴。接著，恢復對自然及人生的纖細感觸，收到一朵花、聽一首音樂，都會觸動纖細的情感。

最後是產生一份祈禱的心。平常自恃身體健康，吃什麼都沒有妨礙，一但倒下了，才會想要求醫、希望活下去，祈求上蒼讓他繼續活著，並且保證改掉以往的惡習，從今以後過正常生活。像這樣大多數的人在享有幸福、名譽時常忘了禱告，只有在生病時才想到祈禱。只有失敗、生病、病危時才曉得人類的渺小，才有仰望群山時謙遜的胸懷，也才會湧現祈禱的心。龜井勝一郎認為這是生病帶來的三項優點。

作家吉田兼好八百年前寫過《徒然草》，其中有句：「惡友有七，其一為身強無疾者。」意思是說最好不要結交身體強壯未曾生過病的人當朋友。《徒然草》是好幾百年前寫成的日本精彩古典隨筆，感性豐富的作者希望不要結交缺乏感受性的朋友。大家也許讀過《徒然草》，其餘的六種惡友我就省略不談了。

所以讀讀古典作品也是不錯的，或許很多人會以為《徒然草》只是一本以前入學考試會考的試題，卻沒想到有很多關於老年的精彩論點。比方，老年來得意外地早，當我望向海面，想著漲潮時，水卻已來到腳下。作者巧妙地將死亡寫在筆下，如何感受自然、怎樣察覺老年，在接觸他的文學之後，我們的確會受到感染，內心變得豐富、變得纖細、敏感、體貼。

龜井先生也寫過：「太健康的人不適合當朋友，就像一生都在白晝度過的人不懂黑夜的深邃，精神上他們是不完全的。不曾生過病的人是不健康的。」這真是妙論。只知白晝，不懂黃昏、深夜的人，精神上是不健康的，壽命是不會長久的。佛學造詣相當深的龜井先生是作家，也是評論家，他覺得「不曾生過病的人是不健康的，生過病、克服過疾病的人才擁有真正的健康。」也就是說，精神上不健康就代表沒有真正的健康，精神上的健康指的是克服痛苦、煩惱、寂寞，在生活水準提高時仍然擁有健康的精神，才是一個真正健康的人。

夏目漱石、太宰治的信仰

在眾多作家當中，夏目漱石稱得上是日本最具代表性的作家。如果問護理大學的學生，你認為日本文學界最偉大的作家是誰，大部分的人都會回答夏目漱石。也有人會寫最近的現代作家，但是寫漱石的還是占大多數。也許因為會考這一題，所以老師就要求學生熟記作家的主要作品。內村鑑三對漱石的評價不佳，認為他是為了創作或學問才學習基督教，並不是一個有真正信仰的基督徒。不過漱石在修善寺得了胃潰瘍大量吐血時寫了《修善寺日記》，請看他滿懷感激寫的日記：「我罹患了瀕臨死亡的大病，幸好有護士日以繼夜的親切照顧、看護以及其他人的幫助，我才能得救。死裡得以逃生使我下定決心，從現在起做個善心人士；讓不為別人只為自己而活的我，從現在起做個為別人而活的善心人士。」這些話清楚地寫在日記裡，即使沒有信仰，漱石仍誠摯寫出自己的感謝。

如果說漱石、森歐外是為了知識才學習基督教，那麼島崎藤村、北村透谷、國木田獨步、志賀直哉或有島武郎則可說是因為有信仰所以研習基督教，他們稱得上是懷著信仰死亡的。

戰後作家太宰治的作品中常引用《聖經》的話，生前寫的〈人間失格〉、〈櫻桃〉中引用很多《聖經》的話。他熟知《聖經》，尤其是〈馬太福音〉，因此小說中經常出現類似的措詞，然而評論家卻懷疑他連信仰都沒有。

昭和二十三年我因健康不佳休息了三、四個月，他卻在那時候自殺了。自殺前寫的小說〈櫻桃〉如前述曾引《聖經》的一段話：「我，面對山仰望，懷疑自己未受眷顧。」這篇短篇小說以非常哀怨的基調描述出得胃潰瘍的作者及夫妻間的對話。他終究因為沒有信仰無法獲得救贖，投身玉川上水。

不過太宰治的作品仍然給現在的年輕人相當大的衝擊，深受年輕人的喜愛。即使信仰沒有使太宰治獲得救贖，花三年時間研讀〈馬太福音〉，為了人生指標做最後努力，最後累倒而和愛人一起自殺，但他那由衷的、纖細的生活方式卻打動了年輕人的心。

日本患病的作家寫了無數的作品，那些作品給予我們無限的感受。正岡子規的一生大半都在病床上作和歌，病床生活中受到他人的照顧，因而詠和歌來表達對他人的感謝。他臨終前寫的俳句是：

絲瓜開花　喉痰清了　佛陀之助

結核病的患者痰清不完，應該是夏天吧，才能從絲瓜藤內取水，據說一直喝絲瓜水能止痰。這首俳句充分表現出看見絲瓜想求助佛陀的心情。

石川啄木及患者的心情

石川啄木留下相當多的作品，讀了他的作品就可了解患者的心情，因此不曾生過病的人應該讀一讀啄木或子規的詩歌。

啄木二十七歲時逝世，在死亡的十一個月前，即二十六歲時已在日本的文學界占有相當重要的地位。

雨雪交加的春天裡胸口疼痛，
吃藥噎到只好閉目伏臥。

當時只有藥粉沒有藥丸，所以吃藥常會噎著，雖然想活下去，但生命並非自己所能控制。啄木雖是名文學家、作家，但死亡之前仍然是個接受人體實驗的免費治療患者。想起東北的故鄉，他曾寫道：

今天胸痛得幾乎死去，
好想回老家安眠。

另一首：

冰溶化後冰袋變暖自然醒來，
感到胸痛。

冰袋變暖，身體疼痛，然而半夜吵醒護士又過意不去，於是就忍耐吧！忍受已經變溫的冰袋。也許有人會說乾脆把護士叫醒就好了。但是當時沒有電鈴，一定要敲門才行，可是敲門吵醒累得睡著的護士總覺得不妥，所以還是繼續忍耐吧！

病人是必須忍耐不該按鈴的，好比前列腺患者按鈴想上廁所，護士說：「請吧！」尿液卻遲遲出不來，而且女護士在旁反而更加尿不出來。「下次緊急一點再按鈴。」被這麼一說，真的不知該怎麼辦。因此動過前列腺手術的患者經常要求「希望讓內人住下」。雖然有特別護士，但是下體的事每件都告訴護士總覺得不好意思，因此患者想說的話經常連十分之一都沒告訴醫生或護士。護士們真該試著去了解有難言之隱的患者。

死前十三個月，啄木在東大的青山內科病床上，寫了以下的和歌：

醫生說我不知愛惜生命，只好
摸著腫脹的肚子沈默不語。

得的是結核性腹膜炎，所以才會「摸著腫脹的肚子，一個人悲傷地躺在醫院的病床上」，那時大概是告訴查房的教授想回家，卻被反問是否不想活所寫的。「生命不值得珍惜嗎　醫生反問　我內心沈默」，沈默的不是嘴巴而是心裡吧！現在的醫療讓醫生嘴上雖不說，內心卻常希望丟下病人，那時大概也是這樣吧！所以醫生查房結束後，啄木才會「摸著腫脹的肚子」，一個人悲傷地躺在醫院病床上。這類病人的心情，我們必須能夠體會。

理解忍耐的心情

東大解剖學教授，小我十歲的好友細川宏老師，四十五歲時因胃癌去世，留有詩集。他應該知道自己罹患癌症，卻覺得不宜告訴周遭的人，於是沈默不語。最後的一首詩中寫道：

寒冷的秋日黃昏雨落時，因寒腹痛。

37 學文和亡死、病疾

腹痛不止，枇杷葉濕敷無效，不該依賴神佛的。
神佛無法知道一切，我獨自忍受痛楚。
這痛楚，是死亡瀕臨的跫音嗎？
死亡你可以來，但是請不要發出聲音，靜靜地來。

這個患者悄悄地、靜靜地等待死亡，忍受病痛，寄情於詩中。

現代社以《病人・花》為名出版他的詩集，我常希望剛入學的醫科學生和護理科學生，能讀一讀這本因癌症死亡的患者如何以詩表達他對死亡的感受。「痛苦激烈時，不要喪失溫柔的心。那顆柔韌溫柔的心，靜靜地承受落雪的重量，就像溫順地等待春天的竹子，柔軟地彎曲身子承受不斷而來的苦痛。」但是他卻等不到冬雪融化春天來臨就去世了。雖然如此，在他內心卻擁有竹葉彎曲等待冬雪融化的溫柔。患者不是由於醫生、護士或朋友，而是因溫柔的心得以承受苦痛，因為他豐富的感性，才能寫出如此感人的詩。恐怕連詩人讀了他的詩都不禁要懷疑自己是否能寫出這樣的詩。他的文才因真摯的心靈才有如此絕妙的詩篇。

我覺得他身為醫生又留下這樣的詩文已值得了，或許可以這樣說：他是為了東大的學生，為了聖路加護理大學的學生，為了教導這些學生了解患者的內心，了解這類病人的存在才犧牲的。為了教授學生感性，他並不要求學生做這做那，而是希望學生去碰觸死亡、文學、詩篇，我們也想給學生這樣的機會。

這首詩啟發了我對忍耐的另一番看法。雖然是基督徒，卻在最近的某個禮拜天無意間翻開《聖經．雅各書》第五章第十節「寫給雅各的信」，讀到：「弟兄們，應拿那些曾因上主的名，講話的先知們，作為受苦和忍耐的模範。」——信中寫著希望他們像預言者般忍耐。「完成忍耐的人是有福的，我們這麼想，你們應該有聽過約伯的堅忍（《舊約聖經》），應該有看過主給予他的救贖。主是如此富有慈愛和悲憐。」——雖然約伯抱怨自己遭遇別人不曾受過的苦難，但是主仍然給與他最後的救償，希望他能忍耐下去。

思索何謂忍耐，我想起了以下的事。基督最後被釘在十字架上，佛陀最後也為疾病所苦，當他結束一切工作，返回故鄉佳比拉城的途中，不知是在恆河河畔還是哪兒，突然得病。「當時，世尊（佛陀）生了場危急的病，激烈的疼痛瀕臨死亡，然而世尊靜靜地回復自覺，不喊苦、堅強地忍耐。」——隨侍在旁的弟子如此記載。佛陀在生命的最後關頭親身體驗了忍耐。雖說忍耐的人是幸福的，但更正確的說法應是患者就是忍耐。

忍耐的心情，周遭的人了解多少呢？不曾感受過痛楚的學生大有人在。如果問聖路加護理大學的學生有沒有人到現在還不知道什麼是病痛？相信一定不少。他們完全不知道什麼是頭痛，就連肚子痛也不曾有過，因此他們是無法照顧有病痛的患者。如果有打了就會疼痛的藥，那我還真想幫學生打一針。醫學愈來愈進步，除了交通事故受傷外，孩子們已很少生病了。雖然知道皮肉之痛，但是心臟絞痛、抽痛他們卻無法體會。不曾有過頭暈目眩的人是無法了解頭昏時不安的心情，就像沒有同情心的醫生會說：「頭昏是死不了的」一樣。

死亡、痛苦在我們人生當中終須體驗，也許我們最愛的人曾經經歷過。努力、忍耐、克服、超越成為嶄新的自我，不曾經過此番經歷是無法創造嶄新的自我，提昇自我水準的。有過痛苦的經歷，努力忍耐堅持之後，榮耀終將歸來。有著這樣的意念，我們就能忍耐地處理所有應該做的事。

結論

已說了好多，但是想到該怎樣對待痛苦、疾病和最後的死亡時就必須更加地考慮周詳。

現在，面臨死亡的病患大都已住進相關的醫院，我服務的醫院裡每天也都有人去世。數字社曾出版傑魯特・拉那的《終止符與愛同在》一書，描述癌症搏鬥記，書中寫道：「對面臨死亡的患者和家人而言，與主掌生死大權的主治醫生同步行走的過程是複雜又痛苦的。」——如何和主治醫生節奏一致呢？過程相當不順。患者對於醫生無法和他們及家人同心的情形非常苦惱，經常想配合醫生卻只有帶來痛苦，現在就連瀕臨死亡的患者都還在為醫生和患者之間的這種關係苦惱。

醫生只管查房、診斷、治療，好像辦例行公事，然而對於患者的生活步調、病人的心情卻是一點也不了解。「沒關係」、「會好的」，對明明沒希望的病人卻仍鼓勵地說「會好的」。一個仔細的醫生或護士應該注意用怎樣的步調、足音、敲門聲來和患者應對，必須切實地去感受病人忍耐、柔韌的心情，這對於人格成長及照顧患者的人來說是必須而且重要的。

我想重申感性是與生俱來的，愈努力就愈能提高感性。天生幸運擁有豐富感性的人若從事醫療服務，就更能養成敏銳的感性，幫助更多的病人。磨練感性最好的方法就是接觸文學，汲取文學中蘊含的宗教意識，成為一個真正懂得病人心情的醫療人員。

現在的年輕人讀近代文學、看推理小說，可是卻疏忽了精神食糧的作品。先前提過的奧利佛・威普・歐姆茲在當醫學系學生時曾說過：「大家都知道，古老的經典是全世界年輕人的書。」古典作品是為了全世界年輕人所作，新穎的創作是古典名作的果實。這麼說來，我們應該接觸的是古老的優良作品，在閱讀這一類作品時，應該去探討作者如何描述。在充分了解作家、作品後，作品就會同化成為我們的一部分。

了解病痛或死亡並不是表面上去感覺、接觸何謂死亡、救濟就行了，人格不能成長是無法體會死亡、探討死亡的，這樣一來，也就無法成為臨終者的朋友，更遑論成為醫生或護士了。為了了解死亡，我們必須去接觸蘊藏於人類長久歷史中的偉大作品，這能使我們在琢磨內心的同時，也逐漸地接近了宗教的真髓。

內心謙遜地祈禱，不只為自己，也為比自己不幸的、悲慘的南國同胞們祈禱。憐愛、悲憫的心是必須培養的，在感性上孕育憐憫的心是有必要的。即使沒有見到現況，沒有看到原子彈的受害者，光是聽到傷亡的數字，內心的沈痛，想做點什麼的心情，也會蜂湧而至卻不知該如何處理。不能只是反對戰爭、反對原子彈，為了成為感性的日本人，我們必須不斷地追求自我。

因此，在一天二十四小時內不妨撥出一些時間去靜靜地欣賞文學，慢慢地體會臨終風味，然後再一次閱讀以前的作品。因為人在生病時具有高度的感性，能夠理解文學，也才能設計代表自己的死亡。

（聖路加護理大學校長）

知性與祈禱

——從東方的智慧出發

重兼芳子

一、活在不合理的時代

今天來參加這個會議，是打算受教於各位專家，我雖然是「醫療宗教研究協會」的會員，卻不是醫療人員也不是宗教家，因此被稱為老師，總覺得很不好意思，我只不過是個市井小民罷了。參加協會主要是想繼續學點東西，想不到竟然被叫上台來。既然上台了，我想就代表非專業的業餘愛好者，以一個市井小民的生活經驗來和大家聊一聊。

誠如剛才所說的，我不是專家，雖然寫了書，卻是新手，我想可以自稱為「書寫者」，因為也在許多地方擔任小說講座，所以稱得上是「教學者」，又曾在好幾個地方舉辦女性研討會，所以也是個「討論者」，為了報導文學而參觀了日本各地，因此又可稱為「報導者」，這麼多身份，連我都不曉得自己的專長是什麼。

在個人世界裡，我是五個孫子的祖母，也是個婆婆，有個八十四歲的母親，所以也是個女兒，又是妻子與母親，每個身份都是我，調和總括所有身份後就成了今日的我。現在的我好不容易活在和諧的世界裡，然而進入和諧的東方世界之前所經歷的過程卻是相當辛苦，現在我可以以一個綜合後的成熟女性細數過去種種，但是在此之前仍遭受無數的挫折。

首先是年輕時自我限制自己是誰，為了明確地定出自己是什麼人，真的搞得七葷八素，追根究底，原因出在生於不合理的日本。

我是天生的股關節脫臼，現在來說是相當容易治療的，但在我出生的當時，由於股關節脫臼發現得很晚，一直到二歲才察覺，因此動了手術，上了石膏後差不多一年左右都兩腳開開地走路，對雙親和周遭的親友而言是相當辛苦的，但是我卻不因雙腳而有自卑感。

從小我就不斷地被灌輸因為老祖宗生前殺過某種動物，所以我的腳才會變成這樣，尤其是老人家經常會說祖先中某人打傷了野獸的腳，野獸的恨意降臨在我身上；要不然就說有個老祖先捉小鳥折斷了它的腳，所以野獸和小鳥報應在我身上，使得我腳和腰都行動不便。

而且，因為走路的方式有點奇怪，走法稍微不對就會引起相當嚴重的困擾。他們以正確走法的標準來評判，姿勢有點不對就說是祖先的報應，現在回想起來真的是相當不合理。

在我少女時代仍健在的曾祖母最引以為傲的就是曾為「參勤交代」的主公倒酒，主公御手曾碰到她，祖母說了好幾次主公御手曾碰到她，而且聽說還把主公入浴的水用瓶子裝起來分送村人。以前得沙眼的人很多，他們都相信用主公入浴的水來洗眼睛、擦腰、按摩疼痛的地方可以痊癒，現在想起來，那也是日本不合理中的其中一項。但是當時日本醫學不發達，無法糾正那些不合理的事。雖然無法改正不合理的事，但是身為當事人總覺得不對勁。為什麼祖先殺了動物會報應在我身上？兒時的我總覺得相當疑惑。

為了擺脫不公平，我就努力地去學習西方的道理。西方的理性、西洋科學的觀點真的為我們帶來無限的幸福。小時候有各種傳染病和結核病。我有小孩時仍未發明疫苗，養育小孩必須靠母親搏命奮鬥。

比方，在沒有痲疹疫苗的當時，孩子若得了痲疹則非喪命不可，為了不讓孩子死去，就必須用心照顧。昭和二十年代我大都是在養育小孩，以前醫學不比現在，嬰幼兒痲疹或小兒痲痺的死亡率相當的高；戰前也一樣，很多友人都得了結核病死去，尤其是戰時和戰後結核病猖獗的情形，在座的各位應該都相當清楚。當時醫學及社會存在著無數的不公和危險，這些你我都曾經歷過。所幸有科學的恩典和十分合理的科學思考，逐漸地造就出眾人的幸福。

《照亮黑暗的跫音》一書中提到，在盤尼西林發現前和發現後，得了癩病的患者命運幾乎完全不同。結核病的藥也帶來相同情形，每隔四年我都有聽寫紀錄，發現在盤尼西林發明前外貌已改變的病人，即使回歸社會，由於外貌不同，通常不被社會接納。療養所裡就將近有八千人在療養癩病後遺症，像這樣蒙受科學恩典的前和後就有如此大的差異。這些差異左右了患者的生存方式和家人的命運。

二、理性下的迷失

我是在西洋文學中長大的。從小沉溺於十九世紀浪漫文學，浪漫的文學觀點大大地左右了我的人格成長。不論文學、宗教、藝術，我都是個標準的古典迷，光是十一月份就聽了十場演奏會，在剛建好的三得利大廳愉悅地聆聽真正來自西方的古典樂。這些西洋的科學思想、文學、宗教、藝術為我的生涯帶來了無限的幸福，豐富了我的生命，幫助了我成長，在此我要感謝與會的各位醫療人員和宗教家，因為我深知醫學治療了我的雙腳，蒙受醫學的恩典，我比一般人懷有更深的謝意，因此對於近代的合理主義，我的內心擁有無限的感謝與喜悅。

然而伴隨感謝來到的是，十幾歲時突然對近代的合理主義開始產生懷疑。雖非全盤否定，但卻對醫學一邊倒的情形開始起疑。十六歲那年，二歲開始就罹患的股關節脫臼症惡化到無法走路的地步。為了施行相當複雜的手術，只好住進大學醫院，十六歲青春年少的我就躺在大學醫院的病床上。有一天，突然發現，從窗口剛好可以看到醫院的入口。每天早上玄關都會出現白色類似牆的東西，我仔細察看投射在小鏡子的景象，原來是穿著白衣的醫生在玄關兩側排成一列歡迎教授到來，每天早上我都會看到教授從黑色轎車走出來，接著在「您早」的敬禮聲中，穿過白衣陣中進入院內。那時覺得教授是相當偉大有權威的人，即使哭鬧的小孩也不敢出聲，是醫生中位階最高、非常厲害的人物。

有一天，護士推著輪椅進到我的病房，她說：「請坐在輪椅上。」我就穿著睡衣，連要被帶到那裡也不知道就坐上去了，護士小姐推著輪椅穿過長廊，帶我到一間好大的階梯教室，坐在教室椅子上的是大約百來個穿著白衣的實習醫生，我被帶到類似山谷地帶的教室中間。

站在教室前面的正是非常偉大有權威的教授，教授來到面前命令我「脫下睡褲」。當時我是個天真純潔的十六歲少女，怎能在百來個年輕人視線集中的教室中間脫下睡褲？但是偉大教授的命令豈能違抗，只好漲紅了臉，腦中一片混亂，不知羞恥為何地脫下睡褲，穿著一件短褲，被叫道「走看看」、「跳看看」、「雙腳張開看看」。

教授把我看成股關節脫臼延誤醫治的惡化病例，把我當作實驗教學患者帶出去。

在他眼中只認定我是股關節脫臼，一點也沒注意到我是個純真的少女，被命令脫下睡褲，在百來個男性面前走路、跳躍、張開雙腳，傷透了我的心，然而教授卻完全沒有察覺。為了醫學進步的偉大使命，他把我當作股關節脫臼惡化病例利用。

教授和一百多個實習醫生完全不知道年少的我內心受到無法負荷的重創，那是因為他們只視我為股關節脫臼者。

當時內心受到傷害的我不得不對視人類為物品的看法起疑，他們不是把我看成股關節脫臼症狀的少女，而是視我為沒有人格、無羞恥心、無人性的一個病例。百來個年輕人的眼睛「強姦」了我，被冒犯的傷痛，外表完全看不出來。對實習醫生和教授來說，他們是上了堂充實的課而感到滿意。

但是，直到現在我仍清楚地記得當時的羞愧和難過。如今傷痕已不復存在，然而那股如火般的羞愧卻深深地影響了日後的生活方式。世上所謂的權威難道只看人類的某部位？尤其戰時，更以為了國家的名義，使得無數年輕人失去了性命，所以為了醫學進步，傷害一個少女的心是沒關係的，這使我不得不對社會及醫學產生懷疑。

當時不能像現在這樣自由談論，我又沒有學歷，無法理論性地歸納整理，只是心裡對社會權威起了疑念，這成了我日後漫長人生的基調低音，不斷地彈奏下去。那不是很奇怪嗎？為了某個目的，為了達到目的不惜抑制弱小聲音，忽視無聲族群的痛苦、悲傷，不是反而無法促進醫學進步嗎？這個思想不停地在我的生涯過程中吶喊。這種想法和宗教連接、與醫療結合，引發了我參加「生命與死亡研討會」的動機。

三、絕望中傳來的清音

醫學治療緩和了雙腳疼痛，我又逐漸地能走了，入院半年後就出院。從小就被貼上嫁不出去的標籤，大家都認為雙腳不方便的女孩絕對無法結婚，對於日本這種四肢不健全的人不能結婚的觀念，相當憤恨不平，反而談了場轟轟烈烈的戀愛，相反地早婚了。以四肢不健全的人嫁不出去為反作用力，我找到了喜歡的人就結婚了。

戰後不安的時代裡，嫁過去的夫家又是農家，是我完全不熟悉的另一個世界。

婚姻是兩個不同文化的交流，自然會產生衝突，年輕的我背負了沉重的壓力，在壓力下生出的孩子好嬌小，再加上股關節有缺陷，孩子都是沒有足月，大約七、八個月就出生的早產兒。

孩子出生的年代，保溫器還不發達。只好在柳條包裡放進熱水袋，讓屋裡不斷地冒著熱氣，因為七個月就出生的嬰兒不拼命照顧是活不了的，大約半年左右我不曾換過睡衣、不曾上過床睡覺，只有靠在堆著棉被的後面牆壁上打個盹，馬上又醒過來照顧小孩。

現在的母親很幸運能夠享受醫學的恩典，我的第一個孩子八個月就出生，需要適當地照顧，所以把他放進柳條包裡細心呵護。他在寒冷的一月出生，剛開始奶水充足，強而有的吸吮讓人覺得他可以茁壯地長大，雖然懷孕當時倍感壓力，然而成為母親的喜悅，哺育孩子吃奶、看著孩子的睡臉，使我每天都過得好充實。

然而好事多磨，原本就不是十分強壯的孩子，二個月後又患感冒，即使現在也無法斷言究竟是感冒還是肺炎，總覺得不像普通的感冒，果然不久就轉變成肺炎，當時醫生一直說「是感冒」，然而母親的直覺「總覺得不對勁」，換了醫生，但一切已太遲了，緊接肺炎而來的是消化不良，肚子脹得鼓鼓地、高燒達四十度。

幼小的孩子、嬰兒並不能夠像睡著般死去，面臨生死關頭，他們仍然得接受臨終前的煎熬，我們兩個年輕的父母親就這樣不眠地看顧著逐漸死去的孩子。

雖然之前也曾看過好多人臨終的場面，但是當時由於憂心，充足的奶水卻再也流不出來。用橡膠奶嘴讓他喝奶，衰弱的孩子卻不接受。四十度如火燒的嘴唇緊緊地含著我的奶頭，努力地用微弱的力量吸著流不出的奶水，稍微吸一下就「呼！呼！」地喘，好不容易喘過氣後，又努力活下去地不斷吸著奶頭。他就那樣拚命地吸著流不出奶水的乳房，氣絕死去。

送孩子出殯時，把他放在水果紙箱大小的棺木內，抱到火葬場去。火葬場的工作人員像抱個小孩般抱起了棺木，輕輕地抱著，就像將嬰兒抱在胸前般，一點也沒有把他看成物品或屍體，工作人員抱著棺木對我說：「雖然當母親的會很傷心，但是請放心，我會陪在他身旁等他回歸自我，因為稍不小心孩子容易化成灰。火化時間需要一個半鐘頭，請二位到對面休息。」他從始到終都沒有說「燒」這個字眼。

當時沉重反覆的壓力、疲憊的婚姻生活，令人混亂到極點，我甚至恍惚地想等孩子火化後，抱著骨灰隨後而至，但是陰鬱黑暗中，火葬場工作人員的一句話，突然點亮一盞燈，那不可思議的光芒抑制了我想尋死、求死的念頭，就是那句「回歸自我」。不，不只是那句話，還有那個人所散發出來的清新氣息，以及他所擁有的純淨眼神。現在回想起來，那應是面對無數死亡，淨化後的獨特之美，他清澈的目光注視著我，讓我在那種氛圍下走出死亡，當時的情形，真不知如何用言語形容。

在絕望的狀態下等了一個半鐘頭後，「兩位，請過來」，焚化爐旁，那人仔細地介紹像筷子大小的是小腿骨，大人雙手合握的是頭骨，就像在介紹孩子站立時的模樣。他告訴我們踝骨放在最底下，頭骨放在上面，喉結最後放進去，不能隨便亂放的。

聽了之後，一滴也流不出來的奶水竟然流出來了。也許很多人都知道，這剛好是去年改編自小說《山谷裊煙》的電影主題。當時穿著喪服，喪服上滲染出白色的奶水，這加深了我的罪惡感。事到如今教我如何讓化為白骨的孩子吸吮奶水？悲傷絕望中，體內為何會湧出奶水？肉體和精神的不相稱，讓我無法原諒自己，只好雙手摟胸在孩子的面前蹲了下來。

當時火葬場工作人員真摯地對我說：「您可以不用掛心了，奶水流出是孩子在告訴你他現在過得很好，可以從疾病的艱辛、痛苦中解放，他覺得很快樂。你的內心雖然痛苦，可是不知不覺中體內已安心，奶水才會流出來。」他說的這番話讓我從尋死的意念中重新站了起來。

抱著孩子的骨灰回家，安放在架上後，坐在佛壇前的感受和十六歲時從有社會地位、名譽、權威的教授那兒所受的創傷，簡直有天壤之別。從社會的身分、地位、頭銜來論火葬場的工作人員，現在如何並不清楚，但在當時卻是相當受議論的行業，在社會的身分制度上也是被輕視侮辱的。但是拯救我的，卻是處於社會邊緣的他們。年輕時體驗到的強烈對比，讓我意識到世上所謂的權威和我親身的感受有著很大的差距。我一直在想是否另外有一種和既成社會的常識、和世上既存的價值觀、和社會架構中各種上下關係、身份階級不同的價值觀存在？

孩子四個月的生命，在死後連形體都沒了。因為只活四個月，所以不曾說過話，也不曾看過陽光。孩子四個月的生命究竟有何意義成了我之後的人生目標。雖然每個人都不知道為何孩子只活四個月就死去，但是對我而言孩子不出生反而是一種幸福。孩子帶給我的是無限的苦難，以及伴隨苦難而至的艱辛，對於幸福毫無助益，反而增加了不幸。就公平上來說，孩子不出生反而是一種幸福。

然而，我是個母親，是個孕育生命的母親，我一點也不想承認孩子四個月的生命毫無意義。身為母親，我想探究母性對生命的意義。母性的生命觀應該是認為世上不會存在無意義的事物。這不只對人類，也是對所有萬事萬物的看法。不論是花草、蟲、鳥，和懷胎十月的生命一樣，都是經過痛苦的生產、艱辛的培育，一切生命都是值得尊重的。

因此無法合理化的不公平部分深藏內心，在不合理之中我逐漸涉及宗教、文學、藝術和其他各種領域。在尋找孩子四個月的生命意義作為人生基調低音彈奏的同時，我發現人類永遠的課題乃繫於萬物之上。孩子死亡的感受，不只是我一個人的體驗，更是全人類普遍要面對的問題。這個想法使我得以在對抗病魔、撫育孩子中生存下來。

四、對不健全醫療的存疑

每次生完小孩，我的股關節就會惡化無法走路，不得已只好住院動手術。手術病房在整形外科，我在整形外科住院的經驗，不曾細數，但也有七、八次。之後，又因輸血感染血清肝炎而住院，所以住院經驗相當豐富。在這段期間，我心中認為人性必須總括來探討，不應部分考量的想法，更加地強烈。

有一年鄰床住的是位脊椎骨惡化的病人，X光片下即使不是專家也可以很清楚地看到脊椎移位。有次醫生查房時對她說：「脊椎移位的情形相當嚴重，不動手術是治不好的。」因為同病房，所以對她的病情非常清楚。手術方式是切開肚皮割掉腸子後，從腹部內側，手術脊椎內部。那是二十年前的事了，不曉得當時手術的方法是否都是外國傳入的緣故，因為經驗不多，所以醫生們格外重視這難得的機會。

那人聽到要切開肚皮割掉腸子從內部動脊椎手術後，煩惱得日夜都睡不好，家人集合開會也覺得脊椎移位卻切腹動手術有點奇怪，我也是直到現在都不明白為何脊椎疼痛卻要切腹。

因為鄰床要施行大手術，所以經常圍著幾十個醫生，相當熱鬧。雖然直到手術當天早上，她都還在煩惱該不該動手術，結果由於醫生大力規勸最後還是接受了。正如所料的是非常棘手的大手術，她從回復室回來的三天裡都處於半生半死的嚴重狀態，尿液堵塞，一點也沒有手術前的精神，反倒是虛弱得不成樣子地回到病床上。然而進步的醫學果真相當神奇，幾個月後她就痊癒，脊椎移位完全治好了。門外漢從X光片下，也可以看到她的脊椎骨排列得相當整齊。和手術前的脊椎相比，這次手術稱得上非常成功。她很高興地說：「看！我的脊椎骨排列得好整齊。」之後她出院，我也出院，就把那件事忘了。

七年後，因我得了芥川獎，頓時成為大眾媒體爭相報導的對象。她知道住址後打了通電話給我。昔日戰友，彼此詢問之後的病況。問她手術以後的情形如何，內容卻是「聽者掩面，說者哽咽」，我們談了將近一個半小時。切腹手術讓她腸子復原得不完全。粘連的腸子造成腸梗阻，瀕臨死亡的她動了二、三次腸子手術後，由於輸血的緣故又罹患血清肝炎，入院住了一年多。脊椎手術後好幾年裡，沒有一天不生病的，就連丈夫也對病弱的她感到厭煩而離婚了。現在她成了半個病人，去整型外科照了多次X光，醫生都對她說「你的脊椎矯正得很整齊。」

我不知道她的脊椎移位有多嚴重，但為了矯正脊椎卻搞壞身體，殃及命運。這絕不是惡意批評醫學，而是親身體驗了不健全醫學的矛盾。即使脊椎矯正，她也成了半個病人，整日為尚未治癒的腸子苦惱不休。為了矯正脊椎，她只好持續著睡不安寧的生活。就像最初說的，這絕不是彈劾、批判醫學，由於有醫學，我現在才能這樣走路，也才能在五十歲後仍能穿高跟鞋，甚至沒想過能復原並到國外旅行。拜醫學之賜，我不知有多幸福，怎會去彈劾？那些姑且不論。我想讓大家了解的是不健全醫療引起的弊端，這樣講也許有些狂妄，因為與會的來賓都已經非常清楚，但是我還是不得不說。

接著，要和大家聊的是住進另一間大學醫院整形外科的體驗。那所醫院的制度是腫瘤患者和一般患者同住一間病房，依據病名決定幾號房幾號床住的是腫瘤患者還是股關節患者。作為一個患者，我已經是老手，甚至連動手術也不怕。這點醫生們也很清楚，所以兩旁的病床經常都安排嚴重患者，也就是腫瘤患者。

我不是性命有問題的患者，但是兩旁的病友卻都是腫瘤患者，生命相當危險。醫生們非常認真治療，但是不健全的醫療卻存在著十分嚴重的問題，比方說要治療手腳的腫瘤就必須截肢，這點患者也很清楚，但是醫生每次巡房時又會重複告知患者「必須截肢」。

鄰床的病友是位剛滿二十七歲的少婦，左側是個必須切除肩根腫瘤的少女，不論是為人母的二十七歲少婦，或中學生少女，截肢對她們來說是人生的大問題。年輕少婦高中時是跳高選手，曾代表國家出去比賽，先生聽說也是個跳高教練。她對自己的跳高能力相當有自信，不過在醫生眼中，那只不過是隻長了腫瘤的腳罷了。

然而站在被截肢者的立場，那卻是引以自豪的腳。那隻腳結合了她和丈夫，撫育了他倆的小孩。對她來說，那是生命難以取代的、重要的腳。而且人體的印象指的是雙手、雙腳以及中間的軀幹，這五體已成定律，無法推翻，因此切除其中之一的腳就等於毀壞整個身體，對她而言是相當嚴重的難題。

我位於正中央，兩側患者的嘆息聲早中晚都會聽到，整形外科裡不能起身的人居多，大家的生活就是一起在相同的床上排泄、吃飯，那段期間大家比家人還親。

兩旁的患者把家人和醫生不曾見過的情形毫無掩飾地呈現在我的眼前。

查房時醫生非常簡單地告訴患者「腳有異物，三天後切除。」對於患者內心的創傷，沒有人會去關心。腫瘤患者每個人幾乎都要截肢，截肢是很稀鬆平常的，更何況截肢手術不像切腹手術般困難，所以醫生能相當輕鬆地說「要截肢」。但是被宣告的患者卻驚愕、發呆地說不出話來，等到所有來探病的親戚朋友回去後，患者的苦痛才開始顯現出來。她們不願讓家人看見哭喪的臉，一直等到探病結束熄燈後才表現出痛苦。就像決堤般兩旁的患者開始哭泣，抱著充滿回憶的腳，壓低聲音哭泣，最後無法抑止，號啕大哭起來。

兩側患者號啕大哭，若聽到巡房護士的腳步聲，就又蓋著棉被忍住嗚咽聲。看在值班護士的眼中，她們都睡得很安穩，但是等到護士的腳步聲一消失，她們就又開始哭泣。我卻什麼法子也想不出來，絲毫無法援助她們的悲傷。那時誰都無法代替她們，只能淡淡地感受著生命的不安。聽著兩旁患者的號啕聲，我不禁懷疑，除了醫生和技術人員之外，為何沒有宗教家或心理專家來此傾聽患者的悲傷？

聽著兩側患者的哭泣聲，居中年歲稍長但也是病人的我，除了聽著她們的故事，和她們一起悲傷、哭泣外，什麼也不能做。我自己也發著高燒，可是兩旁的患者承受著生命不安的威脅，那種無法施出援手的痛楚，使我不得不照顧被判截肢的她們，我無法給與她們什麼，只能藉著小小的信仰，向超越智慧、力量、萬物的存在祈禱，祈求抑止她們的悲傷，因為自己的渺小、無力，我不得不祈求上蒼治癒截肢患者的苦痛。這是無法給與她們什麼的無力感，是對於生死別離的無力感。為什麼我能苟存，兩旁的患者卻有生命危險？對此我有著無法抗拒的無力感。那已超越了人類的智慧，超越了人們的力量，超越了科學，使我不得不傾訴祈求。

我很清楚醫療人員若承受像我這樣的痛苦是支撐不了的，他們如果真的非常關心、同情腫瘤患者，甚至替代患者悲傷，這樣他們的生命將會燃燒殆盡。我希望那些和醫療人員一起研究照顧心靈的人，那些以此作為人生目標的人可以獲得援助。因為我也是患者，也希望早日痊癒，希望能早日痊癒當個稱職的家庭主婦照顧家人，然而背負著兩旁患者的苦難、悲痛，我自己的病情卻一點也沒轉好。動了安裝人工股關節手術後，不知是否因為心因症，手術後的雙腳痲痺無法動彈。手術傷了神經嗎？連醫生都不能確定，要想達到解除苦難和悲痛的境界真是難為。

五、和患者平常的接觸

護士協會經常邀我去了解護士們的問題，希望能對她們有所助益。很多護士認為雖然宣告病情的是醫生，護士只需依命令行事，但是直接接觸到患者的悲傷、苦痛的卻是護士，職業上的重擔和艱辛壓在肩上，讓她們好想辭職。她們覺得自己已失去當護士的信心，再也無力去照顧患者。好多護士以為年輕的自己怎能去理解巨大命運下死別的人類。

這讓我覺得心靈苦痛時絕對有必要請宗教家協助。雖然不知道西方的科學、理性能拯救人類到何種程度，但是人類無法理性化的部分，還是需要仰仗宗教和心理學，如果不能重視無法表現於外的內心世界，今後的醫療恐怕仍會產生偏執和不公。患病體驗中經常令我想起此事。就像剛才說的，矯正好脊椎卻產生別的病痛，截肢並不只是單純的切除動作，還需體會患者內心藏有無限的苦痛與悲傷。

我在外科整形手術後，關節因石膏固定無法動彈，只得接受嚴厲的醫療指導練習關節彎曲。對患者來說那是需要體力和毅力的嚴格訓練，自暴自棄時動不動就會嚷著「這樣的腳不彎也罷」，或意志消沈時也會覺得「要忍受這樣的痛苦，寧願一輩子腳無法彎曲」，或是「不能走也沒關係，再也無法忍受如此的痛楚」。那時醫生診察是帶一付巨大的分度器問我：「可以彎曲幾度？可再多彎一度嗎？」我不知道什麼彎曲角度、伸張角度，只覺得醫生的見解太客觀。雖然客觀的看法是科學的根本，對人體非常重要，我也了解若非如此，醫學就無法成立。但是了解歸了解，有趣的是也許同為女人，護士小姐勉勵我的話反而才管用。

偶爾碰面的這個護士不是從書本學會那麼說的，她是以生活方式的一環來和我相處。有一天她用自己的薪水買了雙菜販穿的普通拖鞋送給我，並且說：「重兼太太，你如果不早點利用醫療指導練習彎曲關節，後果會不堪設想喔！你還年輕，又有小孩，人生的路還有七、八十年要走，難道你想一輩子關節無法彎曲，連坐都不能坐地躺著嗎？」又說：「行動這麼不方便是無法出院的，你要快點好起來，早點穿上拖鞋去市場買菜，小孩在等你喔！」她這樣地鼓勵我，讓我雖然只看到拖鞋，卻想起了熱鬧的菜市場。成堆的白蘿蔔、活跳跳的鮮魚、爽朗有力的吆喝聲，一一在腦中蘇醒過來。

住院讓我脫離日常生活，進入非日常的世界。患者從平常作息突然被拉到醫院病床上過著不平常的日子，在醫院住了幾個月後，整日浸在非日常的世界裡，完全忘記平常的生活是什麼，而且會覺得自己是病人非常可憐，不然就認為自己動過手術是個累贅，常常自怨自艾、自悲自憐，整日沉浸於非日常化的世界。當體力、毅力消失衰弱時，也會原諒自己，不想接受醫療指導，甚至認為自己是個可憐的病人，做到這樣就可以了。

但是，護士小姐好像了解我的心情，送我一雙拖鞋。那象徵著我穿上拖鞋、提著菜籃，到市場為家人準備每天的晚餐。對主婦來說，上市場買菜，為家人料理可口的晚餐，當然有時會感到厭煩，可是對於沉浸在非日常世界的患者卻是一大喜悅，日常世界充滿了動力，因為患者正處於壯年……。雖然醫生說「彎好多度了，再加油！」的勉勵方式也不錯，但是護士卻直接碰觸到我的生活。她不是把我當成病人般來接觸我的日常生活，而是讓我回憶起平常的自己，想要早點到熱鬧的市場去，想要快點為家人準備美味的食物，想要曬棉被讓家人有溫暖的棉被可以蓋，內心湧現好多想做的事。

沉睡已久的動力被撼醒，第一次覺得充滿克服艱辛醫療訓練的毅力。也許有人知道，醫療訓練是在腳上繫上四公斤的重物練習走路，或一步步地爬樓梯，每日的課程計畫依腹肌能力決定，若無法承受就不能回歸社會。第一次我感到體內充滿了毅力與耐力，這都得感謝護士小姐的鼓勵，使我能像現在這樣行動自如。我發現護士小姐的鼓勵方式非常直接、實際，而且很日常化、生活化。如果不是醫生醫治我的股關節，護士撫慰我的內心，我想自己是很難重生的。

之前曾提過，人類必須掌握如何考量醫療和宗教的關係。宗教探討的是人類內心的疑慮，醫學則是研究肉體的問題。而精神和肉體又混雜無法分離，因此如何區分何者是肉體、何者為精神，是誰都不敢斷言的。

醫學奧妙艱深，大家必須認清誰都無法遽下決定。比方有個病人罹患肝病，指的是肝病病人躺在床上，不是肝臟躺在床上。他背負著自己多樣化的人生，擁有無數的家人，承續著社會的接點，是個經歷豐富的人類綜合體。假如醫學仍像我十六歲時的體驗一樣，只重視肝臟，雖然那也需要，但若只傾向那邊，不是太不公平了嗎?因為躺在病床上的是擁有內心的人，內心懷著悲傷和苦痛，病的不只是肉體，精神也同樣病著。因此每次住院，我都不由得想到應該有個宗教家對患者做綜合性的照顧。

六、東方體質和西方理性的糾纏

在此說的宗教是指經得起歷史長流淘汰存留下的宗教，這並非意謂著新興宗教不好，我覺得時代熱潮流行一時的宗教很快就會消失，是無法解決人類內心的苦痛。因此歷史淘汰長流中，佛教自印度教傳統以來已經歷數千年，數千年來重複地嘗試錯誤，包容人類的苦難，一直廣受人們信仰。基督教也是自舊約時代就存在人間，基督教戰爭顯視人類的愚蠢，帶來人們的悲傷苦痛。但在人類湧現的魔性中，基督教消融了人類的魔念，在歷史淘汰中留存下來。

因此，若不是經得起淘汰考驗的宗教，我並不相信它有發展性。宗教包容人類的無知，只認為人類是美好、純真、善良的信仰是不值得推崇的。死亡是艱辛痛苦的，矛盾、愚昧、苦悶常伴隨著人類，宗教若無法經得起這些磨練，將不值得信仰。過去數千年來受到歷史證明的宗教未來仍會持續下去，不值得信賴的宗教我無法選擇，這並不是批評選擇其他宗教的人，完全是我個人的看法。

幾十年來在宗教信仰下尋求解決內心問題，對我而言，要將宗教和醫療分開是不可能的，但是只取宗教衡量我，同樣無法成立。綜合後的我才是真正的自己，是個可以一一細分的我。好不容易今日得以調和無數的體驗和矛盾成為現在的自我，雖未成熟，但六十年寶貴的歲月為自我添加韻味，使我可以在協調的世界生活下去。

最初，理性十分吸引我。從小，我就在不公平的日本、不合理的矛盾下成長，不論多小的問題都是同樣的情形。比方女字旁的「嫁」這個字，在我當新娘時覺得非常不合理。當時認為自己雖是丈夫的妻子，卻不是丈夫母親的女兒；雖是丈夫的妻子，丈夫的母親是他的母親，不是我的。我並不是在攻擊這種怪現象，只是二十歲前的我對於各種的不公平覺得相當奇怪。婆婆雖當我是女兒，但事實上怎能把不是真的女兒視為女兒？理性化的現實緊捉著我不放，使我非常喜愛理性。

明治以來，以夏目漱石為例，他的「則天去私」就是和西方格鬭，和自己西洋化的肉體作激烈的戰鬪。之後產生的文學家也是一樣，在日本四季分明的風土下培育成的他們，深知其中的不公平，因此就憧憬、接受西方的理性，比方像正宗白鳥就是。但是在他們憧憬、接受、歡迎理性後，卻發現東方本質和西方體質不同，接受西方的理性化後，產生了糾葛。

醫學也是如此，雖然提過好幾次醫學對人類幸福的貢獻，但是就像文學家碰到的，當今醫學要如何調和肉體和精神已成為重大的課題。戰後四十年的現代，如何採取西方卓越的理性生根於日本風土中是當今重要的課題。若沒有這些意識，今後的生命觀、人類觀、人生觀將會不得其正。

比方觸及死亡問題時，雖全稱為死，但各個之中卻差異極大。東方人的生死觀，建立在知識教養上深藏腦中。日本人的死亡倫理觀以四季為主紮根體內，生死觀和自然一同存在；不像中國的皇帝想嘗試各種方法以求長生不老。不只有權者，連思想闊達者也拒絕死亡，希求不老不死，更遑論埃及的木乃伊了。

日本的生死觀和四季同在，在日本春天長出嫩葉，夏天茂盛、秋天枯黃、冬天凋零，在自然景觀下培育了我們。我雖是個基督徒，卻對死亡充滿了感性，一點也不眷念肉體，內心深處覺得年老死亡就像枯葉凋落、枯木凋零一樣自然，當然也會想多活一分一秒，但是深層探討後，察覺自己是不願違反自然地生存、死亡，體內擁有的是屬於東方的、日本的生理本質。

我們都了解面對死亡，臨床上醫生會努力地想讓患者多活一分一秒，但是試著探討臨終者的內心深處，本質上他不仍是希望自然、不期求人為地生存、死亡嗎？因此施加醫療時，不也應該記得人類是自然恩賜下存在的生物？

我希望年老接近死亡時仍能像現在一樣，希望能在自然的狀態下死去。努力活過之後，不抵抗的快樂不是會出現嗎？就像枯木在大自然中凋零，我期待著死亡。之前曾提過，部分和整體無法共存就不完備，相同地，抵抗死亡的醫療若無法認識人類的不抵抗心理，也就無法體會人們的生死觀、生命觀。

我好像太囉嗦了，但是文學家創作的著眼點也在於此。志賀直哉的〈在城崎〉一文是相當有名的短篇。他曾在青山路搭電車時差點死去，為了療養就住在城崎這個地方。散步途中發現有一隻頭插鐵絲的老鼠在河中不斷地掙扎，心想大概是有人捉了老鼠，在牠頭上插入鐵絲後，又打算把牠溺死才丟入河中的。那隻老鼠一心一意打算活下去，不知自己即將死去，只見牠在臨死前不斷地努力想活下去。不只老鼠，在看了壁虎、工蜂的殘骸後，凝視自己的生命，志賀平等地看待努力生存的老鼠、蜜蜂、鳥兒的生命，一點也沒有高低、上下之分。

愈讀文學作品愈可發現文學家擁有多樣化的文學觀點，梶井基次郎就是其一。日本文學視點之一是排除社會中的上下、身分、階級之分，具體地說就是平等地看待人們的生命。不只文學家有這樣的觀點，讀者也是在這樣的環境下培育長大的。我期待文學裡的生死觀能在每個醫療人員身上發現。

七、生老病死與醫療的關係

在此試著做個結論。我們出生前，人類歷史早已存在，不只是雙親及祖先的歷史，我們一出生就背負著人類發展的歷史，其中有東方、有密克羅尼西亞，也有蒙古，背負著所有人類的歷史，人們誕生了。誕生前的歷史，藏在看不見的角落，任誰都無法掌握，雖然可以追溯到前三代、四代，但是我們的存在是屬於在無意識的領域中背負所有人類的歷史。

誕生為人，顯現外在形體，接著死亡，形體出現只有這段時期。在這段期間人們的存在背負著社會、家庭、職業上的外在形體，同時內在影子也依偎著人們的一生共同存在。內在的影子連繫著永恆，藉由宗教維繫著外在形體，當影子顯現，也就是人們生老病死的時候。這是我體驗後的看法，宗教家可能覺得那種想法不透澈，但我總覺得，自遠古就一直連繫著的影子人們肉眼無法看到，直到誕生才顯現外在形體，接著當生病、年老、死亡時，內在的影子才顯露出來。

當今的醫療不就是只看見外在的形體嗎？同樣的若只注重人們必要的內在影子，卻忽視醫療，依然稱不上周全。現在相當注重生產期醫療，我希望也能有死亡期醫療。死亡期指的是年老到死亡的這段期間，我希望當影子顯現死亡形體時，宗教家和社會福利員等人能在旁關照，這對患者而言將多麼幸福啊！今天我就在此將非專業的市井小民觀點向大家提一提。

以上的話可能有許多錯誤，在此做結束，希望各位多多批評指教。

（作家）

醫療構造中的倫理・宗教

坂上正道

序

很榮幸受到大會的邀請，但對此會議的內容、主旨卻不是很清楚。由領到的小冊子中得知關於佛教方面的東西較多，我在不太清楚的情況下受邀，出席這次會議。

我開始著手這類的工作大概在昭和四十七年左右，當時在類似大學醫院極重視技術革新的醫院中工作，在那裡逐漸了解到控制技術的人類智慧是非常重要的。周遭的人也不時給予建議。於是在醫院成立「醫療的哲學和倫理研究協會」並不定時舉行公開研討會。會議結束後馬上記錄製成小冊子，約四千冊分配給大學全體人員，這本小冊子幾乎成為各地的話題。不久便有人建議將這些小冊子整理成書出版，即是現在的《醫療的心》，目前丸善已發行了六集。

這場「醫療的哲學和倫理研究會」，目前雖尚未確定此會議的方向，總之，以往醫生的缺點是視野狹隘，因此希望開拓其視野，然後再發展其他的學問領域——當然不只是學問的領域，藝術、宗教方面的思想也納入其中。也就是說在舉辦這次會議中逐漸了解到若非T字型人，便無法在處理人類的醫學、醫療方面做得好。對此會議，剛才也提到從表面來看雖看不出其主旨，但參與經營策劃之後應該多少有些收穫，而且也會有好的結果。

我只是一介小兒科醫生。這半年來像個新手擔任院長，對於宗教教義，或《聖經》上有系統的知識不甚了解。儘管接觸到倫理這方面，也是以一位醫生循著實踐的腳步走過來的，所以學習上也不是很有系統。正確地說，不管具有哪種業餘專長——即利用業餘時間從事的所謂業餘技術，實在無法在大眾面前表現。那麼，又為何願意擔任今天的演說呢？主要動機有三：

第一、醫學技術的進步非常顯著，因此，可藉技術的操作來駕馭生命，也就是說，藉著先進的技術將以往操控在神明手中的生命引入醫療的世界。如此一來，不管技術本身如何演變，仍應該以適當的技術來控制。提到控制，在此所指的並不單是為控制所做的技術，而是實踐的人生觀或是對事物的看法等等，因為有這些當作根據，便成為自覺、意識地接受的問題。第一個重點即是以這些觀念作為出發點。

第二、譬如腦死、內臟移植、遺傳因子操作或體外受精等問題，在大家眼中已有許多論點，部分的看法——以英文正確地來說應歸納為issue。這個字有點難以解釋，讓我翻譯的話，應該可以解釋為——議論；討論後的結果歸納成一個基準。有人譯成基準，也有人譯成議論，以語源來看，則有經過重重的討論後達成的基準(criteria)——行動的基準。最典型的例子即是腦死的問題，後來各醫院也開始成立倫理委員會。

我們的大學醫院內也設立醫療審查機構，即檢討各人醫療範圍內工作的委員會。如醫療檢討指導委員會。各人的診療不得有任何誤失，如果有問題時，要隨時向委員會提出，單是診療行為上的錯誤，乃屬於個人問題；如果是行政事務上的錯誤，則歸院方的責任。至於如何修正，也是討論後的基準的例子。這些工作一直在進行，亦即一再討論，經由討論產生議論，就像今天我們的會議一樣。

另外，雖然討論後可以產生基準，但實行的還是我們這些人。要是未具備所謂的哲理、哲學或道德的熱心等，即使有了基準，也無法實行。諸如哲學、道德等，要是不努力追求真、善、美的話，是不可能實現的。極力追求真、善、美，再回顧自己時，需要默默地祈禱。祈禱時，自己是一個空虛的個體，所以必須有祈禱的對象。我個人是透過耶穌基督向神祈禱，無論如何要在與宗教結合的情況下，追求真、善、美，同時也在祈禱中得到答覆，所以不管如何，一定會和宗教結合。

以上述三個動機作為今天大會演講的前提，逐步導出主題。舉一個具體的例子，從諸位熟悉的案子中找題材的話，有名的邱布勒・羅絲收集了瀕死人們的記錄，連續出版了《死亡瞬間》、《續死亡瞬間》、《小孩的死亡瞬間》等書，最初在他的作品中，並非討論那些非常冷靜地接受死亡的人，他們信仰的是哪一種宗教？而是提出具有宗教信仰才能冷靜、安謐地迎接死亡。至於何種宗教則取決於個人，重要的是應有信仰才能產生這樣的結果。然而，我們以科學家的立場看宗教時，應站在什麼立場來看？科學與宗教之間是和諧的嗎？或看成相反呢？怎樣才能使自己接受呢？

有名的文化批評家亞瑟・卡本特曾說：「科學是可相信的發現真理的方法，宗教是探索滿足心靈的生活法則。」由此可知，這和我開場白的話結合在一起，不就可以看出即使是科學家也會追求宗教嗎？這是我能同意的說法。

站在醫生或護士的醫療者立場，通常無法了解患者的心理，幾乎毫無交集。即使想突破也突破不了。因為患者有ＣＣＵ的經驗，患者的狀況和實施治療者如果立場不同，體驗便不一樣。我個人曾有此經驗，是宗教的因素嗎？我認為在人文的思考方法上，自覺得非擴大實踐醫學和醫療人員的立場不可。

一、被技術追趕的現代社會

今天的演講，為什麼手邊要準備這些資料呢？因為用投影片比較容易忘記，所以才用講義。——雖未按順序講說，但有幾張圖表，我希望利用這些材料來進行今天的討論。想看現代技術的特徵的話，請參考資料１。這張表是由聯合國教育科學文化組織製作，內容非常好。所謂的現代特徵即是物理學原理被發現後，以此為技

資料1　物理學上的發現和應用的時間差距

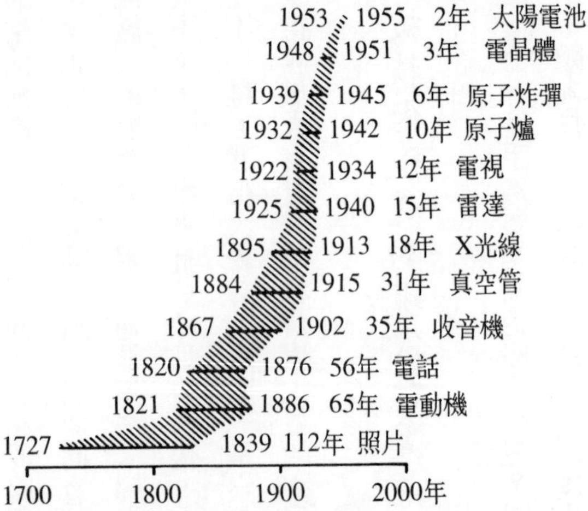

來源：聯合國教科文組織：《未來的學習》（第一法規，1975年）p.116

資料1

術實際應用到各種發明，期間會逐漸縮小。圖表最下面的照片，需要一百一十二年的時間才能將原理實際應用。中間的X光線是一八九五年發現，直到一九一三年才能應用，共花了十八年。接著是上面的部分，原子炸彈六年，電晶體三年，太陽能電池二年，也就是說時間愈來愈短。

發現原理，當作技術被應用期間，社會上能達成各種協議，或是社會的看法、法律的處理方式能一致，還有形成其他各種想法、轉變成技術，未嘗不是件好事。然而發現技術的原理後馬上應用在社會的時代已經來臨，所以連思考的時間都沒有，漸漸變成被技術追著跑的局面。這是目前我們所處的這個時代的特徵。

有一個對談，我非常有興趣。那是湯川秀樹先生與京都創造工學研究所所長市川久壽彌教授兩位針對「美的發現」的對談。談話中湯川先生引用了《莊子》外篇（譯註：應為雜篇）中的「處陰以休影」。

讀了《莊子》就會明白：有個人穿著草鞋啪嗒啪嗒地走，後面也傳來啪嗒啪嗒的聲音在追趕他。他加緊腳步，追他的東西也跟著加快。其實根本沒有東西在追他，而是自己的影子。所以被影子追時，自己跑得愈快被追得愈緊，最後那個人一直跑，跑到累倒而死。因此莊子說：「處陰以休影」——為何不躲到樹蔭下呢？如此一來影子也會停下來，追趕的影子自然會消失吧！湯川先生是少數的前衛物理學者，他突然想起的這段話，真是妙啊！現在用來表示我們被技術追著跑的心境，實在是再適合不過了。

接下來，我想舉《聖經》的例子來說明。耶穌基督有不少的神蹟。四部福音書中記載耶穌基督的神蹟，相信大家都很清楚。比如群眾集聚一堂聆聽耶穌基督的教義，那時約聚集了四千人，卻只有五塊麵包和兩條魚，將這些食物撕開分配給大家後，卻發現還有剩餘。像這種關於耶穌的有名的神蹟，不管如何解釋都可以。有人解釋為大家都帶了便當來，好像還有其他解釋；但這並不重要。

這些事蹟的記載，特別是馬可傳中記載的，甚至還提到十二位弟子盼望耶穌基督當上猶太人的國王之後，自己就可以晉昇左大臣、右大臣，不僅有這種發跡的想法，還期待耶穌成為地上之王之後，猶太因此得以平治。由於耶穌基督派這些弟子到處去傳道之後，聆聽教義的弟子就漸漸增加了。那時也記載著耶穌基督強迫弟子們到山上寧靜的地方去。或許回到耶穌身旁的弟子一定會氣喘吁吁地將自己傳道、講道的情形得意洋洋地告訴耶穌吧！如此一來，耶穌都會告訴他再回到山上去，靜靜地禱告吧！耶穌自己也搭船出海，靜靜地祈禱。

心境也一樣，當生活忙碌時，或不知為了什麼忙得不可開交時，有這樣的事發生，那樣的事發生，那樣有趣，這樣也有趣等等，《聖經》告訴我們並非只有這些，偶而到沒有人的地方靜下心來禱告，休憩一下也是必須的。然而現代不也是那樣嗎？在此我也想暫時停下腳步，好好思考現今的醫療。

二、操縱生命的特殊疾病

以具體的實例帶入話題吧！目前我只能從小兒科的資料中提供出來。資料2—①寫著「先天性白痴症新生兒的生死，取決於誰？」這是取自《日經醫學雜誌》，如(1)所示，先天性白痴症的小孩最早出現在一九八〇年。

資料2—①

以「先天性白痴症新生兒的生死，取決於誰？」為標題的記載（《日經醫學雜誌》一九八二年五月號一六一頁），敘述的重點如以下所示。

(1)一九八〇年六月二十八日德貝(Derby)市民醫院（英國）自然生產產下一位先天性白痴症兒。

(2)醫生馬上診斷為臨床的先天性白痴症，並告訴母親。

(3)母親非常震驚，拒絕接受嬰兒。

(4)上級指導醫生確認為先天性白痴症候群，和雙親溝通，雙親卻以智障為由拒絕接受嬰兒。上級指導醫生因「雙親不希望生存」，而給予新生兒的治療，只寫著「只要看護」。

(5)另外為了減輕痛苦，指示最少每四個小時給予五毫克類似嗎啡藥的鴉片中的植物鹽基劑。

(6)新生兒被安置在另一棟和一般新生兒不同的病房，六十九小時後死亡。死因為先天性白痴症候群引起的支氣管炎。

(7) 因醫院同僚的通報，被反人工流產組織「生命」知道此事而報警，警察的審問針對上級指導醫生，後來以殺人罪起訴。

(8) 法院中檢察官的看法如下：

嬰兒是因鴉片中的植物鹽基中毒引起肺淤血，導致支氣管肺炎死亡。造成此結果是因醫生欲致新生兒於死，基於這個目的，所以故意斷絕營養補給和適當的醫療處置。

(9) 證言台上有許多醫學專家主張該指導醫生無罪。幼兒病理學者證明該新生兒帶有腦石灰化、心臟纖維彈性症以及先天肺功能異常，而當初只診斷為先天性白痴症的病理學者事後也承認。

(10) 由於這些供詞，法官對陪審團指示應由殺人罪改判殺人未遂罪。

(11) 檢察官對於醫生的動機屬於較高次元無可置疑，認為他所做的處置是著眼於比較人性化的考量。但新生兒患有嚴重智障，由於雙親不希望他生存下來，即允許做這樣的決定和教唆，這種行為是不可原諒的，也觸及刑法。

(12) 另一方面辯方這邊，雖承認事件的結果造成悲劇性過失，卻有數位德高望重的醫師出面為當事人辯護，並指出他所採取的措施是在一般公認的診療基準範圍之內。另外也含蓄地向陪審團提出請求：若是雙親和醫師將來再面對這種情況時，可以自行決定如何處理而無須擔心有人向警察通報。

(13) 法官向陪審團建議此問題應分成兩部分來思考。也就是：

①醫生意圖致小孩死的話，是否指示讓小孩死亡的方法？還有，是否積極採取確實造成小孩死亡的方法？

②假設①被證實不存在的話，判該醫生殺人未遂罪是否合理？

(14) 經過六位男性和六位女性陪審團長達兩小時的長考後，全員一致通過判定無罪。

資料2—②

「先天智能遲緩的人幸福嗎？」當我被問到這問題時，應該會毫不猶豫回答「幸福」吧！受到很多人的看顧、親切對待也是一種『幸福』。但是所謂的『幸福』其內容千差萬別，並非個別的生活方式或想法就可以決定的，也不是第三者所能談論的。每個人的生活方式中均有一貫的想法，起初個人應該會感受到自己的幸福吧！我在年輕的時候為所欲為、放蕩不羈，到了晚年，即使在團體生活的範圍內，對於自己的生活也以自己為主體，過將自己的能力發揮到極限的生活方式。即使受到大家無微不至的照顧，也希望過自己的日子，充實度過每一天。團體生活中一切都一起行動，很容易埋沒自我，所以主張努力作自己。我生來頑固，並非堅持這種個性，而是希望過自己的日子。希望長生不老即是貪欲。

（引自水田善次郎編著的《先天性白痴患者的社會生活》，學苑社出版。）

這是取自《日經醫學雜誌》，如(1)所示，先天性白痴症的小孩最早於一九八〇年出生。雙親非常震驚，拒絕接受這嬰兒——(3)。(4)指導醫生診斷為先天性白痴症，雙親均不希望小孩活下來。而以新生兒需要接受治療為由，寫下「只須看護」。(5)為減輕痛苦，最少每隔四小時給予五毫克類似嗎啡藥的鴉片中的可待因，藥量稍多。

(6)新生兒安置在別的病房，六十九個小時後死亡。死因是先天性白痴症引起的支氣管炎。

誠如所知，英國有個反人工流產的組織──「生命」，他們向警察通報，因此院方才被起訴殺人罪。另外，法庭內如(9)所示，病理學者事後承認這位先天性白痴症的小孩原本就有心臟異常、或是先天性肺功能畸型，因這些證詞，法官對陪審團示意應該改判殺人未遂罪取代原來的殺人罪。(11)檢察官則認為這不是單純的殺人案件，雖然涉及到非常高次元的問題，有崇高的動機，但卻觸犯了刑法。(12)辯護律師則辯稱此醫生對於其他的畸型案子均有妥善的處理。所以法官向陪審團詢問後判定無罪。

因為先天性白痴症而成為生命被操縱的對象──目前先天性白痴症的小孩過著幸福生活之實例，實際上我知道有幾個，而且撫育先天性白痴症小孩的專修大學的正村公宏先生寫的《撫育先天性白痴症兒記錄》中有非常好的記載，相信大家都讀過。另外，引用下一個資料2─②，非常長壽的先天性白痴症病患──六十一歲死亡的病患記錄──

「先天智能遲緩的人幸福嗎？」當我被問起這問題時，應該會毫不猶豫地回答「幸福」吧！受到很多人的看顧、親切對待也是一種『幸福』。但是所謂的『幸福』其內容千差萬別，並非以每個人的生活方式或想法就可決定的。第三者也不可隨意置喙。每個人生活方式中有一貫的想法，起初個人應該會感覺到自己的幸福吧！我在年輕的時候為所欲為、放蕩不羈，到了晚年，即使在團體生活中，對於自己的生活也以自己為主體，過將自己的能力發揮到極點的生活方式。即使受到大家無微不至的照顧，也希望過自己的日子，充實地度過每一天。

我有這樣的感想，這種人生觀對我們而言是無可言喻的。這是由先天性白痴症病患寫的，讓人頗為驚訝。明明有這種人存在，卻在他出生的那一瞬間，生命就被操縱，身為小兒科醫生，我絕對無法接受，於是寫下這個例子。

另外，這個例子對我來說很重要。英國的這個例子影響到後世，當時英國的國教教會和天主教會都捲入，引起很大的爭論。大體而言，英國國教會是站在支持的立場，而天主教則反對。英國國教會的堪塔貝利教宗擔任某生命操縱委員會的主席。

那是什麼樣的委員會呢？跟脊椎破裂的特殊病症有密切關係，容我稍作說明。

所謂的脊椎破裂，就像這樣脊椎裂開。所以有的是脊髓溢出來，有的是陷進去。而且有的還找不到，會造成腫瘤。因此有的從外觀可以看出來，有許多種類。這種脊椎破裂的疾病——說起來有點慚愧——實際上是我們臨床的實例，馬上縫合後，將脊髓塞入。後續部分等一下再說明；我們都會組成周密的醫療隊，做好完美的修復工作。而皮膚方面在整形外科的技術之下即可治好，只是脊髓部分可能會有異常，形成肛門無法收縮、腳無法行動等後遺症。這類患者大約每一萬人中會出現二、三人。因此要是有一百五十萬人的話……。現在大約有一百二十萬人，一年之中將會有兩百四十人至三百人左右可能罹患此症狀。

英國的羅勃醫生於一九六〇年開始到七〇年，一直在幫忙這些醫療工作。但因後遺症太多，一九七〇年開始到八〇年之間，設立一個標準，用來判定讓罹患此病的小孩是生或是死，這委員會的主席就是堪塔貝利教宗。我們不能說他過份，在醫療中擔任生命操縱的判斷者，同時又投入宗教的領域。而且對於生命的操縱，在英國設立的標準下，非常嚴格地執行。

我們希望能救活在我們這裡的脊椎破裂病患，大致獲救的如資料3所示。只有這些而已，右邊粗框中也有記錄種類的大小以及其他。另外資料4中是否有水頭症這項，雖屬醫學方面，還是有記錄。資料5則是獲救的病患均有追加訪問、照顧，所以也有記錄在這裡。當然也有死亡的病患，如第九項的因嚴重肝炎死亡，或是第四項的因敗血症死亡等。第二項的例子則是目前可以扶東西站起來，說一些「再見」、「爸爸」，或是「媽媽」的話。腳的關節還不能明顯地彎動，膝蓋可以動了，而且還可以騎三輪車。像這種例子，病患的雙親都還保留著記錄，他們當然非常辛苦。承受這種負擔的雙親努力不懈地奮鬥下去……。

第二例的雙親，身旁有面臨這種危機的小孩，所以倍感生命的可貴與緊張。我們可以說是都受教於這種父母。起初雖很辛苦，不久，接受這種命運之後，便可以看到將擁有美好的人生觀。

	分娩				在醫院外出生所做處理	腫瘤		被膜破裂
	GA(w)	分娩方式	BBW(g)	Apgar		存在部位	縱經×橫經(cm)	
1.山○正○	39	NSD	3150	9	以消毒紗布保護	腰仙部	6.0×5.0	(+)
2.吉○夕○	36	NSD	2770	?	(−)	腰　部	4.5×5.3	(−)
3.大○健○	39	NSD	3300	9	(−)	腰　部	5.0×5.0	(−)
4.山○康○	40	VE	3210	6	0,31/min 投與	腰　部	8.0×5.0	(+)
5.大○克○	39	VE	3630	9	?	腰仙部	5.4×6.0	(+)
6.伊○嘉○	41	NSD	3500	9	? (經由某外科)	仙骨部	4.0×2.7	(+)
7.川○大○	37	VE	2600	9	院內出生	仙骨部	?	(−)
8.吉○理○	40	NSD	3400	9	(−)	仙骨部	3.0×1.5	(+)
9.金○勇○	38	NSD	2630	?	(−)	腰仙部	5.0×5.0	(+)
10.城○彰○	36	NSD	2340	9	(−)	頭　部 (小泉部)	4.5×1.5	(−)
11.大○安○夢	39	NSD	3056	10	(−)	腰仙部	12.0×5.0	(+)
12.原○茂	40	NSD	3660	8	(−)	胸腰部	4.5×7.0	(+)

NSP:Normal Spontaneous Delivery, VE:Vacuum Extruction

資料3

病人	水頭症 (CT所見)	急遽頭部擴大	縫合離開	大泉門膨 隆	夕陽症	V–P shunt
NO.1	(+)	(+)	(+)	(+)	(+)	生後第10日
NO.2	(+)	(+)	(+)	(−)	(−)	生後第29日
NO.3	(−)	(−)	(+)	(−)	(−)	(−)
NO.4	?	(+)	(+)	(+)	(+)	(−)
NO.5	(+)	(+)	(−)	(−)	(−)	生後第23日
NO.6	(+)	(+)	(+)	(+)	(−)	生後第9日
NO.7	(−)	(−)	(−)	(−)	(−)	(−)
NO.8	(−)	(−)	(−)	(−)	(−)	(−)
NO.9	(+)	(−)	(−)	(±)	(−)	生後第5日
NO.10	(−)	(−)	(−)	(−)	(−)	(−)
NO.11	(+)	(+)	(−)	(−)	(−)	生後第40日
NO.12	(+)	(+)	?	(+)	(−)	生後第9日

資料4

	現在的年齡	排泄		下肢機能	頭圍	發育情形
		排尿	排便			
1	3Y6M	急迫 (Flaccid N–B)	肛門形同閉鎖	Ankle. j. 不動 Knee. j. 動 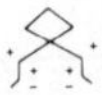	39.7cm (2M時)	轉入其他醫院
2	3Y6M	急迫 (Flaccid N–B)	急迫	右–Klub Food 左–Ankle. j 無法彎到底 	?	抓物站立說「拜拜」「爸爸」「媽媽」「照相」(表達力強)
3	3Y6M	一使力即失禁	不順暢	左–Knee. j. 可動 右–Hip. j. 不動 	47.5cm (11M)	爬著上樓梯
4	Sterben 53.7.26	死因	:Septic shock（在Multiple Anomaly時治療不積極）			
5	3Y5M	失禁	失禁	非常靈活 	?	DQ105
6	2Y11M	一使力即失禁	硬便 2~3/day	踢腿。扶牆行走。 	47.0cm	扶牆行走，用湯匙，「爸爸」「媽媽」「穿鞋鞋」
7	4Y4M	一使力即失禁	失禁 1/d	會跑。騎腳踏車。 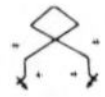	?	喜歡玩
8	4Y1M	頻尿（可自行排尿）	?	走路一跳一跳 	48.0cm	騎腳踏車跑起來一跳一跳
9	Sterben 55.8.13	死因	急性肝炎			
10	3M				34cm (1M時)	
11	2M					
12	1M					

資料5

No.6: 56.8.之後開始自行在家導尿（3回/日）
尿道感染次數頻繁:No.6(only)
死亡率:（死亡2人）16.8%
(N–B: Neurogenic Bladder)

三、維護生命尊嚴之醫療小組的形成

接下來，如資料6所示，在小孩出生後，我們這裡將組織一個小兒科做什麼、腦外科做什麼、整形外科做什麼、麻醉外科做什麼的醫療小組，當然小組中也有護士。所以為了達成小組的共識——絕對要救活小孩，所有的人對於生命的尊重、尊嚴沒有達成共識的話，小組便無法成立。雖然我不太贊同，可是沒有這些卻不行。所謂的醫療小組，我認為還是需要守住生命的尊嚴這一條防線，否則無法組成醫療小組。而且治療後仍得依循右欄所示，若沒有和醫療各部門配合的話，如社工、家庭醫師、復健等，便無法救活這孩子。

所以如資料7所示，即使只有一位脊髓髓膜瘤患者，雙親、家族的支持都是必須的，另外還需要醫療小組的一致認同，以及擔任各種社會工作人員的支持，我想所謂的福利，就是這樣。然而實際的福利問題，應該受到社會的重視。在科技發展神速的今天，醫療小組要達成協議，所抱持的觀念必須一致。不單是醫療小組，若

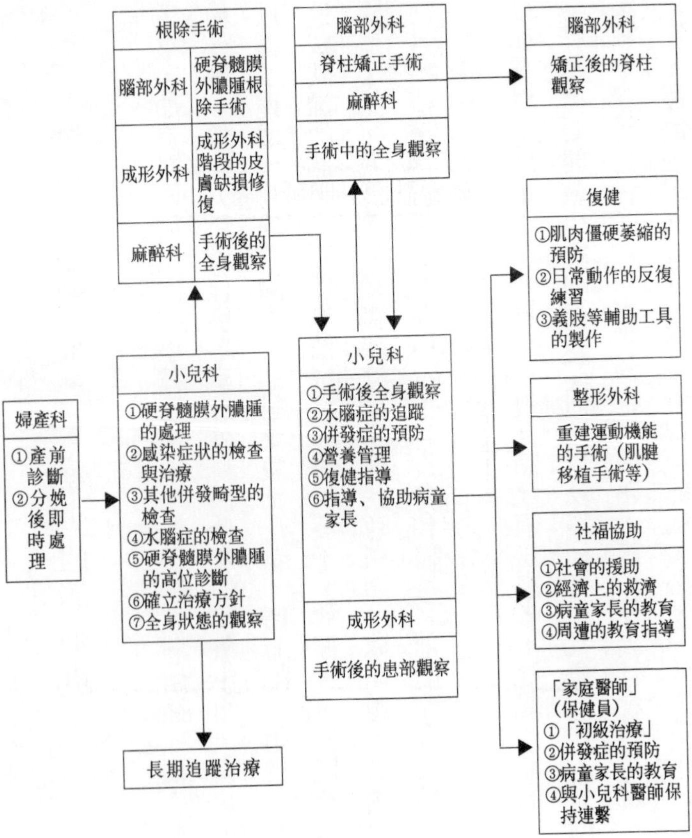
根除手術
腦部外科
硬脊髓膜外臟腫根除手術
成形外科
階段的皮膚缺損修復
麻醉科
手術後的全身觀察
腦部外科
脊柱矯正手術
麻醉科
手術中的全身觀察
腦部外科
矯正後的脊柱觀察
婦產科
①產前診斷
②分娩後即時處理
小兒科
①硬脊髓膜外臟腫的處理
②感染症狀的檢查與治療
③其他併發畸型的檢查
④水腦症的檢查
⑤硬脊髓膜外臟腫的高位診斷
⑥確立治療方針
⑦全身狀態的觀察
小兒科
①手術後全身觀察
②水腦症的追蹤
③併發症的預防
④營養管理
⑤復健指導
⑥指導、協助病童家長
成形外科
手術後的患部觀察
長期追蹤治療
復健
①肌肉僵硬萎縮的預防
②日常動作的反復練習
③義肢等輔助工具的製作
整形外科
重建運動機能的手術（肌腱移植手術等）
社福協助
①社會的援助
②經濟上的救濟
③病童家長的教育
④周遭的教育指導
「家庭醫師」（保健員）
①「初級治療」
②併發症的預防
③病童家長的教育
④與小兒科醫師保持連繫

資料6

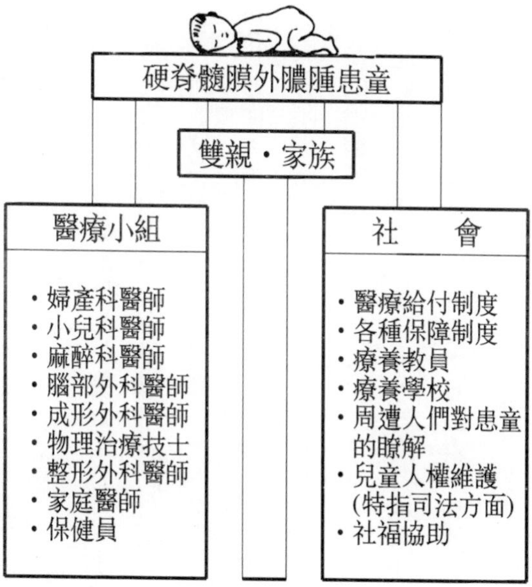
硬脊髓膜外膿腫患童
雙親・家族
醫療小組
・婦產科醫師
・小兒科醫師
・麻醉科醫師
・腦部外科醫師
・成形外科醫師
・物理治療技士
・整形外科醫師
・家庭醫師
・保健員
社　會
・醫療給付制度
・各種保障制度
・療養教員
・療養學校
・周遭人們對患童的瞭解
・兒童人權維護(特指司法方面)
・社福協助

資料7

是社會無法達成協議，根本無法推動福利。這就是我提及醫療外援助的理由。

不過，實施這種尊重生命的醫療，仍要感謝技術的發達，才能使得原來無法誕生的生命得以生存下來。

針對這些，判斷生命——必須設置如何處理的標準，如資料8所示，最上面的麻薩諸塞州的一般醫院的臨床照顧委員會是以患者的分類來當作標準。A級為沒有界限做最大的治療，到了D級，所有的治療都停止，集中在使患者安定，以此來分類。但是，在小兒科方面，無法做如此複雜的分類，耶魯大學的杜夫教授提出ABC三級，即A級沒有界限做最大的治療，B級則在治療方法上訂定選擇性的限制，C級為停止維持生命的治療三種方式。

這些是美國式達到協議的標準。在日本，若沒有採用北里方式ABCD四種方式的話，無法達成協議。A級即上述的A，B級為上述的B，C級則是持續目前的治療之特殊項目。D級為上述的C。因此，持續目前的治療是一項非常保守的模式，若沒有此項，便無法達成雙親、護士、醫生的共識。這可能是日本人的民族觀，單一民族的特徵才會考慮那麼多的因素吧！這是我目前的分析，但仍有許多爭論。

資料8

麻薩諸塞州・一般醫院的分類：

Class A　沒有界限，盡最大的努力治療。

Class B　沒有界限盡最大的努力治療，但因無法評估生存的可能性，每天需不斷地評估。

Class C　選擇性地限定治療方法。在這一組內，須從患者的各種福利考量來決定治療法，特別需要考慮到甦醒的問題，在臨床上必須克服許多困難。

Class D　所有的治療停止。集中在使患者安定。

耶穌大學杜夫教授的分類（以小孩為例）：

Class A　沒有限制做最大的治療。

Class B　治療方法上訂定選擇性的限制。

Class C　停止維持生命的治療。

北里方式的分類（改自杜夫教授的分類）：

Class A　沒有界限做最大的治療。

Class B　治療方法上訂定選擇性的限制。

Class C　繼續目前的治療。

Class D　停止維持生命的治療。

今年夏天，美國喬治市的一個有名的甘迺迪生命倫理研究所中有四位討論合同時，這個差異也成為一個嚴重的問題。但是我們仍依循ＡＢＣＤ四級。

資料9

先天性異常兒的治療順序：

一、前腦腦胞症（Ｃ）

二、缺氧性腦症（Ｂ）

三、脊髓髓膜瘤（手術後）（Ａ）

四、超級早產兒（八七〇公克）（Ａ）

五、超級早產兒（九九〇公克）（Ａ）

六、超級早產兒（六五四公克）。壞死性腸炎（無法接受外科手術治療）（Ａ）

七、先天性水頭症＋腦畸型（Ｄ）

八、超級早產兒（五二六公克）（Ａ）

實際的例子如資料9所示。這些是在我們診療室某天做的剖面，第一項叫做前腦腦胞症，即是沒有前腦的腦畸型。此症狀原來較接近D階段，即使生命短暫，雙親仍希望救活小孩，所以列入C的模式內。第七項的先天性水頭症＋腦畸型原是杜夫所分類的C、現在列為D，是因停止維持生命的治療之緣故，因此沒有戴人工呼吸器（氧氣罩）。像這種便會產生限度，雖然盡了全力，仍屈服在生命的尊嚴之下，醫生也束手無策，所以決定D級。另外，超級早產兒約六五〇公克或是五二六公克，雖盡全力治療也是無可奈何。五二六公克的早產兒，約有多大呢？在嬰兒身旁有5CC的注射針，相信大家都很清楚，和那個注射針一比，更顯得嬰兒的嬌小。

這種早產兒，戴著人工呼吸器，有各種監視器監看，並靠著輸入養份生活。NICU就像工廠一樣，由上到下插著各式各樣的管子，也裝不少哺育器，就像在工廠治療一樣，使嬰兒充分獲得成長。雙親每天帶著玩具來，好不容易一歲到了，到醫院迎接週歲生日。我們也做了一個生日蛋糕來慶祝在這種情況下成長的小孩。

在醫療的技術進步上，實際的醫療或是對應病狀的治療等醫療上的決定也是一門專門的學問。

四、健康的老年和宗教的情操

接下來討論的問題，所謂的醫療，就像現在所談的醫治身體的異常、治療病痛以及這小標題所寫的，目前已經進入了對於健康的老年醫學和醫療也將發言的時代；醫學對健康地活下去所採取的態度，到底採取哪一種學問上的看法及說明呢？我想提的就是這一點。這和人類的生存以及健康的老年有密切的關係。

請看資料10的斯甲蒙的「發育圖」。

這個圖在小兒科的教科書上一定有。我們在處理發育的問題時，從下面開始的第二項，身體的線畫得比較普通。但以內臟別來看的話，其發育的類型便各別不同。譬如，泌尿、生殖器線到了思春期便會急遽上昇。而淋巴線方面，學童期較多扁桃腺腫大，約十二歲高達二〇〇％，不久便會降到一〇〇％趨向穩定。神經線在三歲以前會升到八〇％，約十歲時達到一〇〇％，可說非常地發達。

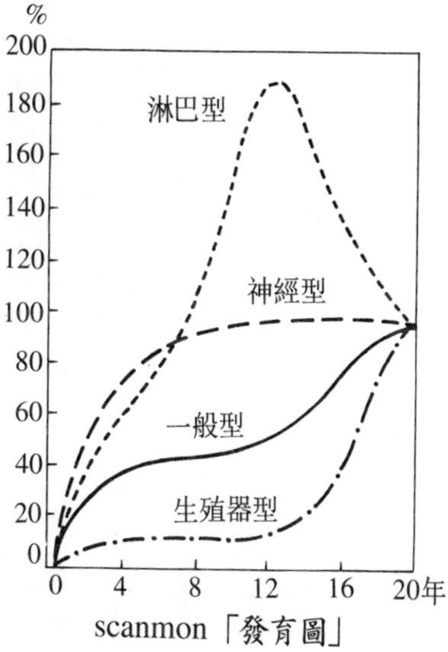

資料10

神經線的發育，其內容到底是什麼？人類的神經細胞數大約是一百四十億。所謂的發育即是連繫神經細胞，所呈現的形很複雜。比較第三個月、第六個月以及第二年，列印的配線圖便會漸漸地複雜，這些就是發育的內容。請看資料11，仔細看神經線的發育情況，三歲一堆、七歲一堆、十歲一堆，如此下去便會達到一〇〇%。

三歲時期的高峰，我們稱之為第一反抗期，不過關於這一點，小孩子可能很有意見。不管外界是如何判定，就算連親生父母都贊成也罷，站在小孩子的立場，既

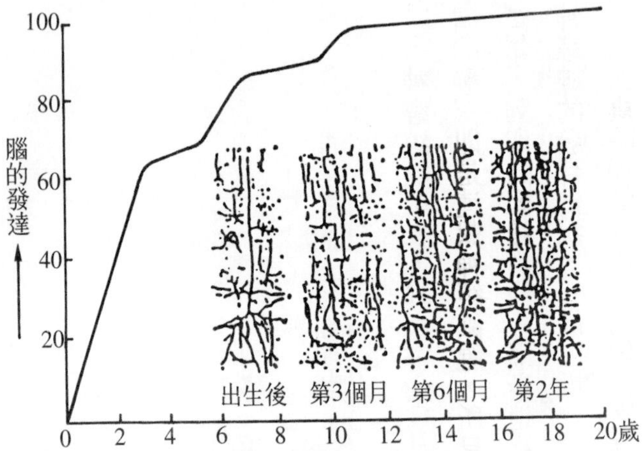

依年齡來看腦的發達情況

資料11

然這記錄的是我的成長，當然該以我的角度來定義，這不是反抗期，不過是單純的「我的」發育圖而已。同樣的第二反抗期也不該稱作反抗期。——人們總錯誤地以為小孩沒有自主意識，事實卻可能超乎我們想像。舉個淺顯的例子，在三歲小孩面前吵架，大人們總以為小孩不懂，所以又摔碗又摔盤地毫不避諱，這麼一來，父母摔碗的印象就深植在小孩腦海裡。福澤諭吉有句名言：「教育小孩憑的是身教，而非言教」，看著父母的背影日漸成長，諺語中常說的「三歲看老」的道理，在這份圖中充分應得印證。

另外，資料12中，所謂小孩的情操指

情緒的分化

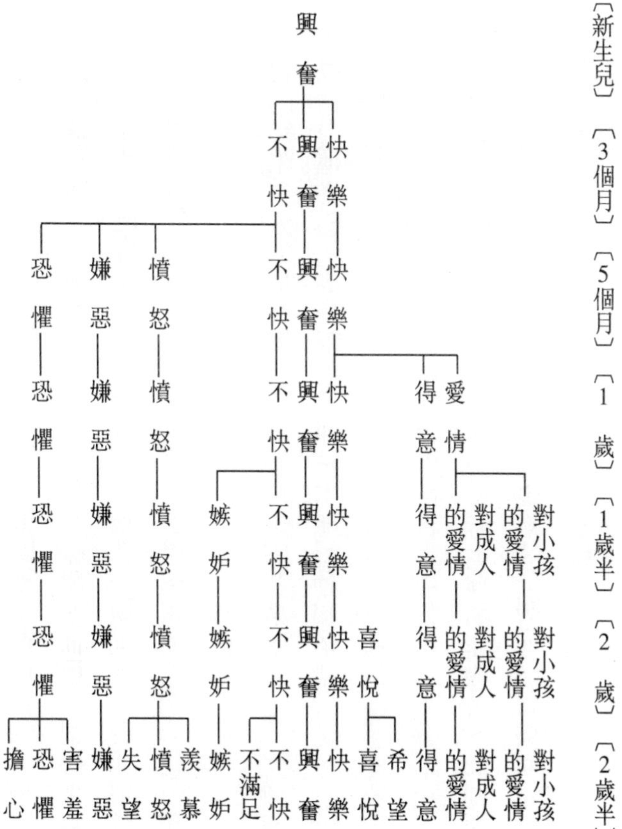
〔新生兒〕
〔3個月〕
〔5個月〕
〔1歲〕
〔1歲半〕
〔2歲〕
〔2歲半〕
興奮
不快
興奮
快樂
恐懼
嫌惡
憤怒
得意
愛情
嫉妒
對成人的愛情
對小孩的愛情
喜悅
擔心
害羞
失望
羨慕
不滿足
希望

資料12

的是好心情、壞心情和興奮三種。好心情方面又分成積極的感情和對他人的感情。而壞心情方面衍生憤怒、嫉妒等消極的情緒。興奮則是一直存在的。描繪這種類型的用意即是對待小孩必須先認識有心情好、興奮、心情壞三種類型再來教育小孩。所以有時小孩心情好時，便會完全乖乖地讓母親餵乳、換尿布。若非這樣，任意讓小孩哭泣，小孩的情緒便無法健全地成長，這也是現在和神經網分化一起研究的原因。

像這樣教育的結果，人的成長到底有什麼現象呢？東大（已故）前時實教授指出，有生存和成長兩種姿態。成長茁壯，即是本能行動和情緒行動，也就是自己支配心情好壞、恐懼、憤怒等本能行動。成長茁壯的本能行動是由舊皮質支配，而更健康地茁壯成長則由新皮質控制。只靠腦幹生存者是植物性——雖不相當於現在的植物人，但生存活動的卻只有腦幹。我們仔細思考生存的姿態時，即使偏好孤獨的人，反覆觀察他的內心世界，總會發現有組織集團的欲望。所以所有正反兩面均有喜歡孤獨和喜歡集團兩極化。新皮質對舊皮質的本能姿態加以控制，我們也可以這樣來思考，即全部均有兩面，在食欲、性欲、集團欲方面均是。

舉個典型的例子，剛才也提到，我們有時會想，真希望自己一個人……或許會有這種想法，所以針對希望獨處這個狀態進行實驗，也就是將人放進孤獨實驗室試試看。這是名古屋大學環境醫學研究所所做的實驗，將大學生放進孤獨實驗室中，讓他寫一些記錄。最初的一小時字體非常工整，也寫了不少好文章，但七十個小時後所寫的記錄卻是：我想當橘子、想當剪刀、想當蘋果、想當褲子、沒事可做、一思考便頭昏眼花、只想早一點出來，之後便神智不清。把「只想著什麼時候結束」寫成「只想著……」。所以約七十個小時便完全混亂。甚至再二小時，即七十二小時後，便寫「完全撐不下去、快放我出去、雖不是選舉、千萬拜託、拜託……」之後的字便看不清楚意思，寫了這種「雖不是選舉，懇切地拜託你……」這種詞句。實驗性地置在孤獨中，人的精神會錯亂。堀江謙一橫渡太平洋時，或許有不少的回憶，他卻在自己的遊艇上寫下「孤獨」這個名字。自己最痛苦的時候並非飢餓或是什麼，而是抗拒孤獨。

因此人有組織團體的欲望，團體形成了之後便希望回歸孤獨，孤獨之後又希望回歸團體，如此反覆。而靈巧、聰明地控制這些的是新皮質；舊皮質一保持原狀，

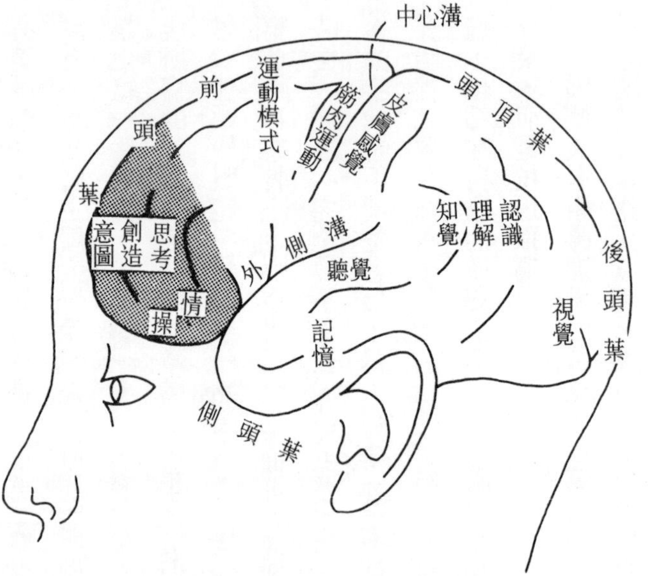

測量人類「新皮質」的分業地點領域
——前頭連合野

資料13

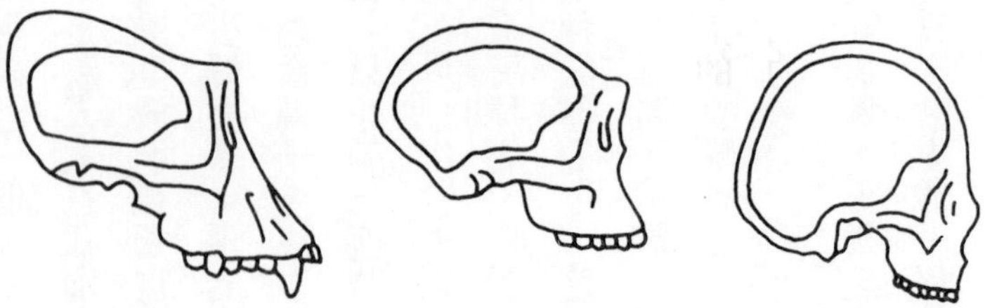

大猩猩（左）、爪哇猿人（中央）、現代人（右）頭骨和腦的比較

資料14

本能行動便這樣被支配，大腦控制這一切。還有幾個類似的例子，以生物學的觀點來看，這種現象是無止盡的。

那麼控制中心到底在哪裡呢？請參閱資料13。簡單地畫出腦的機能，頭的前面稱作前頭連合野，前頭連合野主要控制意念、創造、思考、情操的培養等機能。它在人類進化中扮演什麼角色呢？資料14中畫有簡單的圖形，從大猩猩、爪哇猿人，一直到現代人之中，到底進化到什麼程度呢？前頭葉的形成中便有人類進化的軌跡。所以前頭連合野可說是扮演人類腦部調整的重要角色。

而且前頭葉的訓練若是臨時突然訓練的話也不行，必須平常日積月累做創造性的訓練。這非常重要，在剛才提到的各種生存百態中，如果把單為了求生存便需每天掙扎的老人們組成小團體，效果不用說，絕對令人難堪，因為根本無法控制，甚至連年輕的一代是否支持都有問題。但是如果是健康的老人的話情形就不同了，不但團體可望成立，老人們也有可能從團體中再發現自己生活的意義，而且已有創造性的經營基礎，年輕一代來支持也就容易了。

此外，前頭連合野的訓練也必須從小開始，到老了才突然想到也是沒辦法。何況牽涉到宗教問題時，便成為最高前頭連合野的運作問題。所以雖然有那種某日突然頓悟的宗教，那也是當時處在宗教的情操之中，平時若沒有藉接觸宗教來自我控制或自我忍耐的話，根本無法臨時訓練。

五、符合人類的活動和提高倫理

不妨從更複雜的生物學現象來說明，目前生物行為學上有一位叫做羅倫茲的生物學者寫了一本《人性的破壞》，內容提到人性遭破壞而降至動物以下的層次的現象。這是什麼意思呢？動物中有一種 Selfish Jame，即為了他人而犧牲自我的遺傳分子。最好的例子為蜜蜂，蜜蜂為了維持自己的種族可以捨棄生命。這種為了他人捨棄生命、犧牲自我的現象就叫做Selfish jame，以遺傳分子可以說明，現在我們就來探討這種讓種族生存下去的大遺傳分子。

舉例來說，地球上會殺害自己和同種族的大概只有螞蟻和人類，其他動物決不會有這種行為。前些日子在電視上也播出熊捕鮭魚的節目，自己抓到鮭魚要送到小熊那兒去時，另一隻熊緩緩地靠近，便會伸出前爪追那隻熊，但決不致於將對方殺害。但是人類不可思議之處是會窮追不捨直到殺害對方。這樣一來，生物學上人類是最進化的動物嗎？這種現象現在在生物學上是非常嚴重的問題。我雖不太清楚，在上智有位專門研究生命的青木先生，能聽聽他的見解或許會覺得很有趣。身為人類，要能為他人而犧牲自我——說來或許有點誇張——但若沒有一絲犧牲的話，人類便無法存在地球上，這是生物學上的預言。

姑且不論這種生物學式的說明，前頭連合野所產生類似人類活動的行為，以言語來表現的話，我們人類將學習到的知識多方面地組合、思考——再思考——不足的話還會補充知識、製造新的心靈內容。這就是所謂的人類的創造，可以說將自己的東西表現於外的一種行動。而且照自己的意思行動可以實現的話便會高興，若無法照本意實現的話便覺得可惜，自己無法做到而別人可以的話便會嫉妒，這些類型均是思考、意志和行動在運作，主控制均在前頭連合野。然而不可否認的是培養這些情操均是在三歲以前。之後的人生，可以說是決定生活方式的問題。宗教活動，或是宗教方面的想法均由前頭連合野控制。這些均可用生理學來解釋，而且有很多

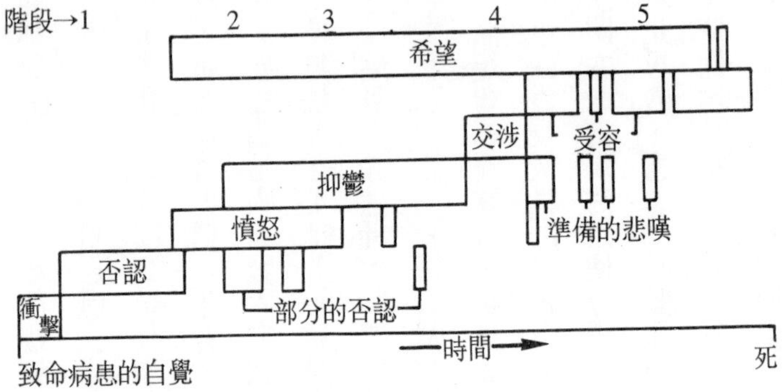

歷經死亡過程圖

資料15

有先天性畸型兒小孩的雙親照顧情形

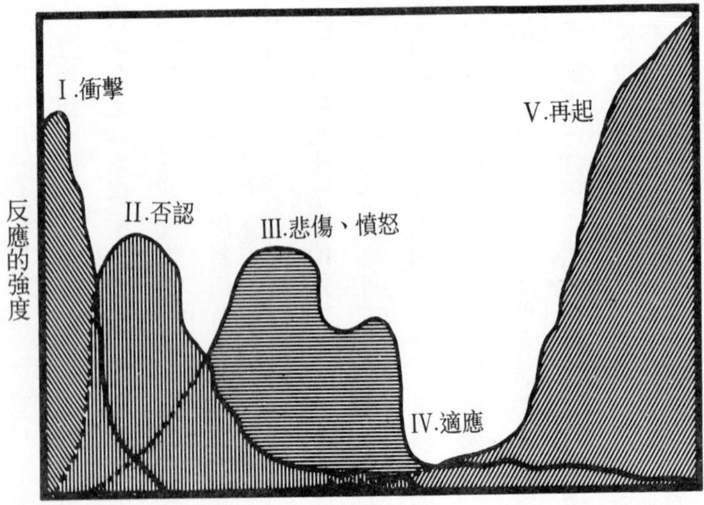

資料16

例子。

還有各種圖表，礙於時間稍微跳過一些。以下解說資料15，這是邱布勒・羅絲分析接受癌症宣告後病患心理狀態如何變化的一張非常有名的「歷經死亡過程圖」。首先，聽到得這種病時驚訝，然後，否認自己會患這種病。接下來思考為什麼自己會有如此的命運而憤怒，再來變得憂鬱，自己尋找是否有很好的治療方法進行商談、交涉，不久接受自己的命運準備等待死亡。我們就是鎖定這種類型。分析結果是，這種類型中的患者，一般來說必須透過和治療負責人之間的溝通，抱持希望。若沒有希望，此階段便無法順利進行。

同樣地，資料16是有先天性畸型小孩的父母心理形態圖。不管什麼類型，須先認知是否雙親健在，否則無法符合此心理形態圖，這是臨床上應該考慮的問題。

接下來資料17是分析為何日本醫療會演變成現今的形態，海德卡分析指出這是因大學的形成上有問題的緣故。從大學演變圖中可知，中世大學在教育科目上分成神學、法學以及醫學。不久，因各自分化，形成學部的擴張，而且是因學問的分野而形成學部。

歐洲大學的變遷

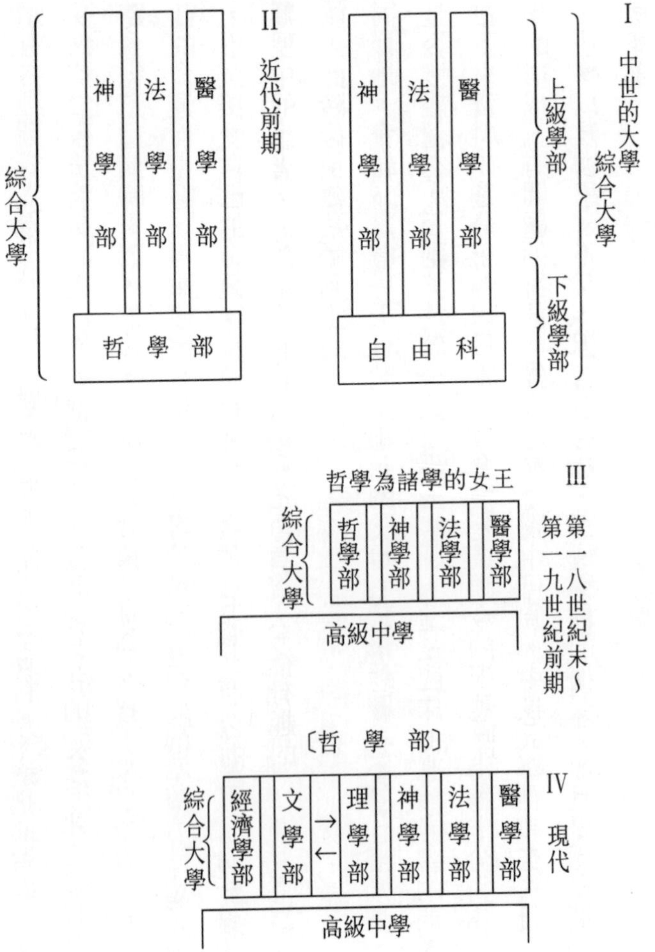

資料17

現代則成立了文學、理學、神學等學部。日本方面，為了使科技早一點在日本定型，法學部很早就培養公務人員，醫學部則是由玉池種痘所變來的，形成移植技術的學部，大學成立的順序有點本末倒置。顛倒了不是應該恢復原狀嗎？主要應是伴隨學際之間的活動，全部都是在哲學式的大學中成立學部才行。

以前倫理本身就是個問題，而且，實踐倫理的人的本意和道德的行為總是要求得很嚴謹，人們一直追求便會移轉到實踐的問題。下面是典型的例子，曾獲諾貝爾獎的加莫爾物理學者，可能是一九七四年吧？寫了一本很有趣的《成熟社會》。書中所謂的成熟社會，提出了下列的看法。如資料18所示，橫項表示ＩＱ，縱項表示ＥＱ、倫理係數，知識愈進步，倫理沒有上昇的話便無法形成成熟的社會。但是如果兩者完全達成一致的話會形成橫棒的圖形，所以他以零點六的相關關係為前提，才會變成橢圓形。在零點六相關關係之下，智能指數愈上昇而倫理係數沒有上昇的話，也無法形成成熟的社會，這就是他提出來的非常有趣的意見。

加莫爾的原著中，右上角寫有奉獻型醫師。稍微空白的地方寫有奉獻型護士。但是對我來說，將醫師填入此，真有點不好意思，所以特地將它除去。右下角好像

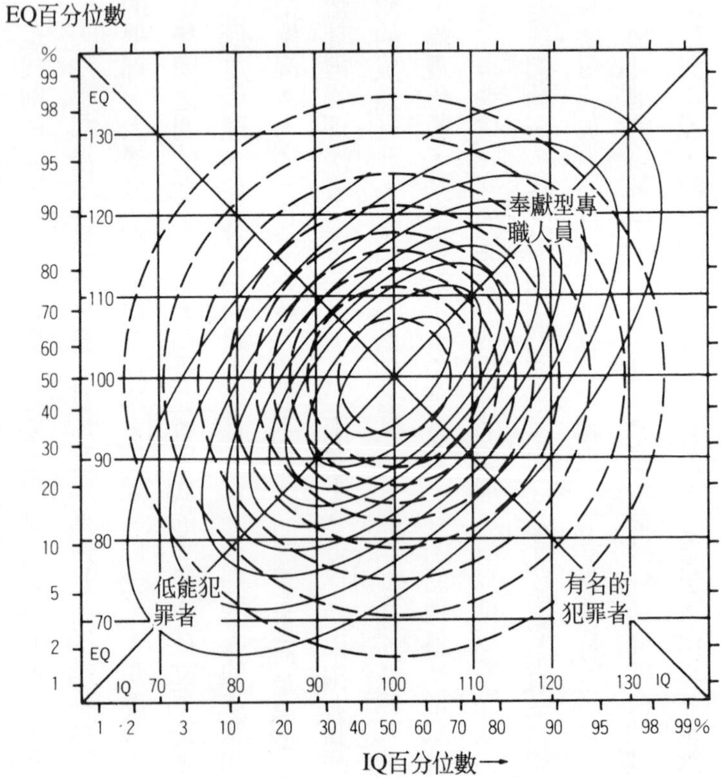

-- 沒有相關關係 q=0　　—— 有相關關係 q=0.6

各分量中已包含主集團10%的人

IQ–EQ圖表

(取自加莫爾的《成熟社會》)

資料18

是搶劫三億円的強盜，搶了很多，雖然頭腦好，倫理係數卻是零。左下角好像是只偷三百円被捕的小偷。

在此座標上的奉獻型專職人員是我自己制定的，主要強調隨著學問的增進，倫理要求也必須提昇。

另外有趣的是倫理係數的決定方法，如資料19所示——即使被認為是以興趣為本位也可以——設想自己被填入哪一項實在是很有趣的事。自己到底適合哪一項呢？總覺得不好意思。我想可能在一〇〇左右吧？在正確的環境中採取有責任、可信賴的態度，較容易和自己所屬的團體基準符和、親近。因為我知道在這個範圍內比較符合自己，而且也覺得很有趣所以才引用。這提案中也有非常有趣的一面。物理學專門人士即提出隨學問的進展，倫理係數的上昇也是必要的，這一提案我認為指出了非常重要的問題。

資料19

EQ指數　社會行動的特長（引用加莫爾《成熟社會》）：

一三〇以上	自己不居功，即使犧牲自我也願意為他人或好的事奉獻。
一二〇～一三〇	獻身於對社會有益的工作，絕不從事反社會活動，但以不壓抑自我為原則。
一一〇～一二〇	對社會沒有什麼妨礙，而且在自我與社會環境之間，自己的態度取得平衡，不會做出損人利己的事情。
一〇〇～一一〇	在正當的環境下，採取負責、可信的態度，但需和自己所屬的團體基準容易搭配。
九〇～一〇〇	一般的條件下即是好市民，但背地也會有貪婪、利己的行為，常常說謊。
八〇～九〇	在監督的範圍內，有社會的存在觀念，但時常有不正當的行為（多找的零錢歸為己有、順手牽羊等），倫理價值觀薄弱，流於低倫理水準，喜歡偷窺。
七〇～八〇	嫉妒、憎恨，有時傾向殘酷、犯罪行為，易犯法。
七〇以下	野蠻、心懷惡意、殘忍、習慣性犯罪。

The Journal of Medicine and Philosophy.
1976–, quartarly
The Society for Health and Human Values.
By The University of Chicago Press

Man and Medicine. The Journal of Value and Ethics in Health Care .
1976–, quarterly
Man and Medicine Inc.
P. O. Box 320
Audubonn Station
511 West 165th Street
New York. N. Y. 1oo32

Perspectives in Biology and Medicine.
1957–. Q.
University of Chicago Press

International Journal of Health Sciences.
1971–, q.
Baywood pub. Co . Inc.

Journal of Medical Ethics.
British Medical Association
1975–, q_

Ethics in Science and Medicne
1974–, q_
Pergamon Press

Studies in History and Philisophy of Science
1970–, q_
Pergamon Press

Death Education.
1977–, q_
Hemisphere Publishing Cooperation
1o25 Vermont Av. N. W. Washington D. C.

Social Science and Medicine. An International Journal.
1967–, q.
Pergamon Press

Hastigs Center Report
Metamedicine
Encicropedia of Bioethics

資料20

六、宗教義務

終於到了近尾聲，資料20是我們醫學原論研究部門，即以研究醫學本質為使命的學會，在成立時所收集的議事記錄。此議事錄中，中川米造氏也指出，雖只收集這些議事錄（如資料所示），醫生在消化上也是頗困難的。中間的「Journal of Medical Ethics」、或是「Ethics in Science and Medicine」、「Death Education」，或是最下方的「Metamedicine」，這種是將醫藥Medicine和形而上學連繫在一起的新創語。這本雜誌已經變成現在的『Theoretical Medicine』（理論醫學）雜誌，這些資料均收藏在圖書館。除了醫學專門書，若沒有消化這些東西的話，資訊便無法和我現在所說的相呼應，生活也因此受到影響，我就是要介紹這些觀念。

在此，內容方面我無法說明。回到宗教，資料21、22所顯示的是ＮＨＫ重要的資料中提到，現代人多數熱衷追求宗教，而且認為這是必需的。看看信仰是必要或是不必要的比例，認為一定必要或普通必要的，五十幾歲以上的人超過了百分之六

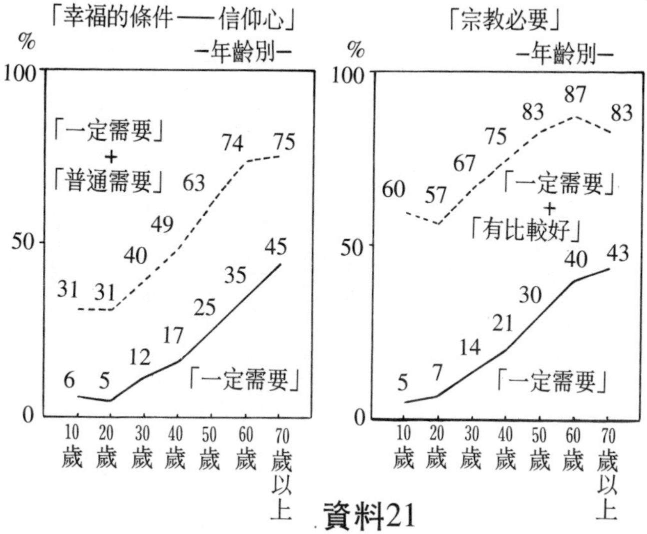
「幸福的條件——信仰心」
—年齡別—
%
100
50
0
「一定需要」
+
「普通需要」
31 31 40 49 63 74 75
6 5 12 17 25 35 45
「一定需要」
10歲 20歲 30歲 40歲 50歲 60歲 70歲以上
「宗教必要」
—年齡別—
%
100
50
0
60 57 67 75 83 87 83
「一定需要」
+
「有比較好」
5 7 14 21 30 40 43
「一定需要」
10歲 20歲 30歲 40歲 50歲 60歲 70歲以上

資料21

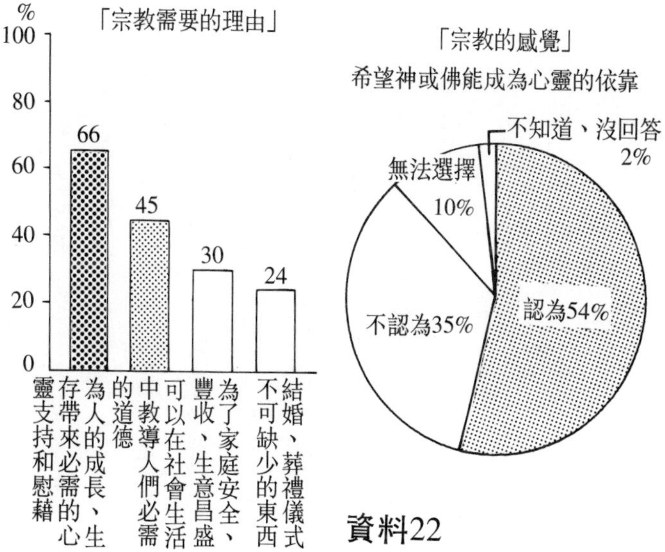
%
100
80
60
40
20
0
「宗教需要的理由」
66
45
30
24
為人的成長、生存帶來必需的心靈支持和慰藉
可以在社會生活中教導人們必需的道德
為了家庭安全、豐收、生意昌盛
結婚、葬禮儀式不可缺少的東西
「宗教的感覺」
希望神或佛能成為心靈的依靠
不知道、沒回答 2%
無法選擇 10%
不認為35%
認為54%

資料22

十。認為宗教一定是必要的，再加上認為有比較好的，共超過百分之八十。認為宗教有必要的理由，最多達百分之六十六，理由是「宗教可以給予生活之上必要的心靈支持和慰藉」，其次的動機為「宗教教導人們在社會生活中必要的道德」。

現在宗教界就像結穗待收的心態，基督教會講道說教後便結束，寺廟也是葬禮說教後便結束，好像都沒有盡到宗教的義務。在基督教會或佛教界以及其他活動中，一般市民都意識到這種情況，所以認為應該使宗教活動活絡起來，並希望有一些教誨。在這種時代，我個人認為宗教有其必要，雖只能說目前尚在等待階段，相信並期望將來醫療和宗教結合，今後將能適合時宜地發展下去。

（北里大學醫院院長）

宗教生理學和病理學

中川米造

前言

我最感興趣的是醫學概論。昭和二十年進醫學院時，深深感覺到和自己想像中的醫學不太相同。昭和二十年是日本戰敗年，人生觀也稍微改變了，總覺得想多了解醫學，於是修了大阪大學澤瀉老師的醫學概論。

之後雖以醫學概論為重心，但仍感不足，故加修了臨床醫學，從事七年的臨床實務，後來到大阪大學，直到四年前都在研究醫學概論，之後轉為環境醫學，研究才告結束。但總是無法掌握醫學概論，我從歷史方面和社會科學方面著手，以雜學的方式研究其理論。

宗教也是其一，多方地探究，各種宗教還是不太了解，那時成立了「醫療和宗教研究會」，大家有問題時可在此會討論。

在此我不知是否可以將腦海中的雜學好好地整理起來，暫時先作一個摘要，以此為依據來討論。

圖 1

進入本題前先賣個關子。請看圖1。這張圖非常有名，不知有沒有人看過？也就是說，這是一張婦人圖，卻有看成年輕人和七八十歲的老人兩種意見。看成年輕人的人，以最近的話來說應該是左腦人，其看法是部分的、分析的。而看成老人的才是整體性的看法。當然這種檢驗並非光靠一個即可斷定，但最近看成年輕人的卻很多。

希望隨後再來思考這個問題，在此提出的均是醫療和宗教的關係，我希望能提出一些宗教方面的東西。並希望思考一下，宗教禮儀儀式、行為和生理有何關聯？

一、醫師和患者的信賴關係

本來醫學和宗教就是密不可分的。希波克拉提斯非常有名的論文〈古醫學〉中，便極力地論證醫療的起源絕非魔法的使用，醫療的起源其實可說是有關食物的知識和料理，這是非常重要的意見。他所屬的團體稱作 Askelepios，這是一個以希臘治療之神 Askelepios 為守護神的治療團體，他在這團體內摒棄了所謂的宗教或是魔法。

但是一般來說，他所否定的魔法、宗教（請恕我將類似的東西這樣說）其基本原因是當人接近病痛、衰老或死亡時，希望能安心地迎接它，在這種狀況下，感覺到自己非常悲慘、無力感或是能力有限時，總是希望是否可將這些狀況轉換成無限而產生人類的願望，這在動物中是不可能有的。但在動物中也有宗教的舉動，這一點容後介紹。醫療的起源和宗教便有這種關聯，至今在接受醫療中的患者仍舊會期待神或奇蹟出現。針對這種情形，不知道醫療從事人員是否意識到自己正扮演某種角色？

例如戲服，在希臘、印度或非洲等地，變魔術的人都會穿特殊的戲服，繫貝殼的髮帶、身穿禮服、戴特殊的面具。現代的醫療從事人員也穿戲服，白色的制服始於十九世紀，醫生若沒有穿白色的制服便無法在患者面前診療，以西裝出現的話便會產生恐懼。而聽診器，其獲得的資訊量遠不如近代的醫療器具，所以被認為不用也可以。年輕醫生大多不用，如此一來患者便認為這樣的醫生很奇怪，沒有人情味，所以這小道具也變成了必備品。從這種所謂的戲服到小道具，其實態度也非常重要。

美國醫療社會學學者帕坦松指出「所謂醫生即在從事三種權威的工作。（圖2）第一是知的權威，任何事都知道的表情，第二是道德的權威，第三是超能力的權威，好像很厲害似地恣意處理，這三種稱作醫療之神 Askelepios 的權威。醫生的臉上表現出無所不知，不懂的事便不提。」犯錯了醫生絕不可能會提出來，這是為了應付患者所期待的神像而做的表演。因此信用提高，治療率也隨之改善。

表1出現的ペラヤボ（普拉西伯）這個字拉丁話是「使興奮」的意思。醫學用

十七世紀銅版畫名家葛爾戚斯大作「醫師的四張臉」，平常是三張臉：即治療的天使之臉、要求報酬的惡魔之臉，以及平常的學者之臉，另外並加上神的臉。

圖 2

語稱作「偽藥」，或許稱作「鎮定劑」或「興奮劑」比較適合。最近為了判定科學的治療效果和比較、判斷用藥而使用鎮定劑，卻得到意外的效果。這和使用方法也有關係，此處所說的扮演神明的人，和最近年輕醫生那樣很少和患者碰面的情況不太一樣吧！鎮定劑的使用平均約百分之三十～四十有效。根據德國的柏斯(Pase)所收集的表1資料，例如止痛最高為百分之二十八，幅度約百分之〇～六十七。接下來頭痛的有效率百分之六十四，消化器官百分之五十八，便秘百分之十二，氣喘似乎比較沒有效果。表2是自覺症狀的改善率，慢性關節炎的自覺症狀改善率為百分之八十。

因此，醫療中的信賴度最近受到相當的重視。在此，如何確立信賴度才是問題的所在。靠神明演技的信賴度是片面的，患者像被蒙上眼睛才會產生信賴，因此才在演技或戲服上下工夫。日本診療室中的椅子也必須與眾不同，醫生坐在華麗的椅子上，讓患者不安地坐在只有一隻腳架的圓椅上。如此一來，對穩重地坐在前面的人便會產生信賴感。

我想全世界只有日本才有此現象。前陣子碰到國外的朋友，便問起該國的情形，

病　　名	患者數	ペラヤボ有效者數	有效%	有效率的幅度
鎮痛	961	274	28	0～67
偏頭痛	4,908	1,616	33	20～58
頭痛	4,588	2,939	64	46～73
狹心症	346	64	18.4	0～57
風濕症	358	175	49	14～60
間歇性步行	6	2	33	–
消化器疾病	284	164	58	21～60
便秘	144	17	12	8～38
癲癇	72	0	0	–
巴金生氏病	31	6	19	0～46
精神病	828	157	19	0～45
神經症	135	46	34	0～61
睡眠障害	340	25	7.4	0～21
高血壓症	240	42	17.5	0～60
氣喘	19	1	5.3	0～12

表1　使用興奮、鎮定劑後各種疾病的有效率

	自覺症狀改善%
巴金生氏病	6–18
枯草熱	22
大腸運動低下	27
手指抖動	30
咳嗽	36–43
疼痛	4–86
血壓的變動	58–61
航空症	51–61
消化性潰瘍	55–88
慢性關節炎	80

表2　使用鎮定、興奮劑後自覺症狀的改善率

幾乎都沒有例外，就像香港和印度這兩國也一樣。香港的醫生大多不用日本那種椅子，只有在貧民窟看診的醫生讓患者坐那種圓椅子。印度方面，好像軍隊所屬的醫生才使用一隻腳椅的圓椅子。

我常講這個笑話，其實最不安的應是患者。不安的人坐在不安穩的椅子上，即雙重不安。所以對穩重地坐在面前的人有信賴感是合乎道理的。然而醫生方面便沒有那種感覺，忙碌的日本人為了節省時間，認為將患者背部轉一圈比較方便，而且也有人認為醫生忙碌又疲倦，所以讓他們坐比較好的椅子。這樣的話雙方坐相同的椅子應也可以。的確，轉一圈其時間上比較

有效率，但如果是小兒科的話，由母親抱著小孩轉一圈，便會變成母親的背了。最近小兒科的醫生中，使用相同的椅子的人漸漸增加，感覺有一點點改變的趨勢。

在此包括普拉西伯的使用，為了更有效的治療而扮演神技固然重要，有時卻也會和人權起衝突。戰後關於健康權，患者的權利至少有三種。第一：福利至上。即儘可能有最好的醫療。而問題是，多樣的醫療和最好的醫療是否相同？第二：自由。即自己決定自己之事的自主性、自律性。這也是人權的因素，目前片面的扮演神技和蒙上眼睛的形態已產生正面的衝突。以前的醫療，患者所有的判斷都仰賴醫生，現在將資訊充分傳達予患者並達成決定、接受，已是醫療中最基本及重要的事。

以往的扮演神技讓我來擔當的話可能不太適合，單方的信賴關係（蒙眼的）失敗之後便會消失。為了將這種情況告訴學生，實驗中，先蒙上學生的眼睛，跌倒後再叫他用眼看。剛開始可能會心懷恐懼接受，第二次便無法接受了。像這種單方的蒙眼式的信賴關係一定會漸漸改變。而此時便需要宗教來做參考。第三：公正。在此省略不談。

二、笑療法

我身為醫學院教師，最近深深感覺到學生對人類有關的一切漠不關心。諸如人類的、文化的、精神的，好像沒有可以使他們關心的方法。生理的種種現象和文化關係連結的方法，他們也無法運用雜學來思考這些問題；某雜誌針對文化生理學連載了一陣子由玉川大學出版的《笑、哭、性》，在此也想提一下。人類和動物不同的特徵是慢慢地在社會中逐漸成熟，也就是說文化或社會也可以透過生理來觀察。如此一想，便出現了許多主題。

例如「笑」這件事，動物當然不會，但人類卻常笑。在醫學院授課的生理學教科書中出現的笑是呼氣性的痙攣，而哭是吸氣性的痙攣。單就這點和文化也許沒有什麼關係，但讀許多書籍後才知道動物也會笑，但那是露齒而笑，這是攻擊的姿勢，因為牙齒白較顯眼。但露齒並緩和其動作時，相反地卻是表示友好的意思。露齒並輕咬對方則是感情好的象徵，人類行為中亦有此表現。

但有一種笑卻只有人類才有，即是呼氣性的痙攣。哲學家柏格森指出「笑只有在奇怪的情況下才會發生。奇怪的情況即是在一種狀況中同時存在互相矛盾的東西。」為什麼一種狀況中有矛盾存在便是奇怪呢？人類的大腦掌管單一歸納的工作，特別是左腦掌管語言狀況的整理，平常都是單一工作，如果同時兩件事存在的話便無法應付。不知如何是好時，又不能無視它的存在，人類只好將它概念化。所以會產生爆發、痙攣等類似笑話事件，和很會笑的人說話時便會感到有趣。

痙攣時會怎麼樣呢？以醫學來說，即是消除緊張的意思，嚴重的話還會產生癲癇，而痙攣循環、腿不停抖動的循環，都是緊張引起的動作。全身痙攣的特性是由肺到全身產生抽水（幫浦）作用，稍待靜下來後便會消除緊張，這種情況具有很大的意義。

十五六年前有一位叫做諾曼・卡鎮芝的新聞記者罹患膠原病，發高燒，身體的關節也變硬。他到處給這方面的專科醫生看，只確定治癒率五百分之一，他想若無法治癒的話，乾脆自己採取笑療法來治療自己。於是搞笑的節目一個接一個地看，藉哈哈大笑來減輕痛苦。結果紅血球沈降速度好轉了，於是持續這種方法。因為有效果，他將電視帶到醫院認真地笑。因笑得太過分惹來別人的怒氣，於是又搬到醫院附近的旅館在那兒治療，然後奇蹟似地痊癒了。他將此事寫成書而成名，之後還到美國的醫師協會、醫學部學會等地演講。

現在每年發表的美國醫師生涯教育的進度表中均記載笑療法。激發患者笑已納入治療方法中，並實際地舉行講習會等演講。

放鬆並不單指筋肉方面，而是關係到全身的機能。日本方面醫生還沒有使用笑療法，卻多用神療法盡可能擺出一付嚴肅的臉，讓患者坐在一隻腳架的圓椅上。從現在開始應該改變作風，考慮一下放鬆患者的心情吧！我認為必須從單方的信賴關係改成相互信賴，所以關於宗教也應重新再思考一番。

三、宗教儀式和生理現象

宗教很難用學問來定義，宗教學的書愈看愈不懂。日本宗教和外國宗教畢竟不同，大部分的日本人聲稱自己無宗教信仰。到國外去被詢問信仰什麼宗教時，我也曾回答無宗教信仰。於是很容易被認為愚蠢或是危險人物，最近我大概都回答佛教徒、禪宗等。以外國人的眼光來看，日本人對宗教的看法似乎很隨便。譬如日本的葬禮非常地華麗，新年時上千萬人到神社參拜，參拜神社或兒童節，也是有很多宗教儀式，而葬禮儀式時間也居世界之首。

住在孟加拉共和國和緬甸國境的原住民在河岸邊建墓地，一年之中有兩次洪水的話便會被沖走。日本方面則建造非常豪華的墓地，家中也擺設佛壇。也有人將骨灰分葬，祭祀於高山。佛壇上供奉飯菜和鮮花並上香，認為祖先神明好像一直都在那兒。但據說孟蘭會（農曆七月十五）時卻又會「回來」，日本人也不知道這到底是怎麼一回事。

何謂宗教？雖然不知道該以哪本書為依據，看了柯姆斯塔克的《宗教》後，我認為任何的宗教定義均可區分成三項（表3）。第一項為承認超經驗的存在和以此為基礎的信仰、象徵體系。也就是說認定神明、菩薩並遵循其道舉辦各種儀式。

第二項是聖物。這不是以體驗為基礎認定的單純東西，而是有別於日常生活的宗教體驗。印度的貝那拉斯被稱作印度宗教聖地，河川就在眼前崎嶇地流動，河川

表3 宗教的定義

1.承認超經驗的存在和以此為基礎的信仰、象徵體系　Taylor
2.聖物（畏懼、壯大、神秘、迷惑）　Otto
3.透過最終的關心捕捉到的狀態　Pasl Tillish

W. R. 柯姆斯塔克《宗教》，柳川隆一譯

的水由灰褐色和綠色混合緩緩流去，另一端的地平線好像沒有劃分天與地的感覺。在這兒「菩提樹」生動、肉感的林木形成地平線是多麼柔和。早晨出發後，自己都感到一股神聖的氣氛，實際上印度人也呈現出愉悅的表情。看電視時覺得河川不太潔淨，但實地看到後，以前的感覺不再，總覺得好像有什麼特殊的感觸，有了這種神聖、特殊的體驗後也是宗教的開始。

第三項是希臘正教的帕歐契辛所說的透過最後的關心捕捉到的狀態，雖然我不太清楚，但思考體系就是由此開始。所有的東西都是由神開始即是宗教，在道理上

至少可以成立。

現在我所關心的是宗教中許多的儀式、實踐等具有什麼樣的意義?宗教中所做的「行」,例如苦行,讓飛瀑沖洩、在山中走一晚、鞭打自己等苦行。在此過程中努力壓抑自己的慾望、克服痛苦的經驗,可以讓意志更堅定不移嗎?其實最高境界不只是控制欲望,也有徹底解放欲望的宗教,到印度的嘉齊靈合去即可看見大寺院中許多男女纏繞在一起的神像,多得令人屏息。密教的世界中也常有這些東西。

接下來,任何宗教一定有祈求的儀式,其方法大致是跪拜或叩拜。跪拜或是行禮,簡單地說即是服從的象徵,為何表示服從呢?因為對上位的人降低自己。所謂的上位,到底是什麼呢?日本人將上位稱作「神」,根據其說法,神有上面的神和下面的神兩種,上面的神較恐怖,為父性神。下面的則是地神,母性神。

人類在平面上可以前後左右運動,往上就有限制。往上的運動為抵抗重力,所以有抗力。而且往上祈禱時必須張開眼睛往上看,眼球往上運動是件非常困難的事。額頭上皺起眉毛,脖子也往上抬,所以說往上的運動非常辛苦。以前研究頭昏時,認為和空間知覺有關,便做了很多的實驗,結果上面的東西看起來較小,而地平線的東西看起來較大，像朝陽看起來很大，但漸漸昇上去後看起來就變小了。任何東西在上方都會比在水平看起來小。這和物理原理一樣，例如拿五円銅板和地平線的月亮比較，你會認為哪一個大呢？一般都會回答月亮較大。感覺上看起來比較大，但透過銅板仰望月亮，竟比五円的中間那個洞還小。關於頭昏，即是做這種運動時產生自律神經緊張，特別是交感神經緊張。在我的學位論文中做過這些實驗：往上時瞳孔會如何變化，或是注射刺激自律神經的溶劑時老鼠會產生什麼姿勢等等。譬如注射阿托品時，老鼠會呈現祈禱的姿勢而往上方看。注射皮諾卡魯品時，副交感神經一緊張便會流口水並往下看。

高低音方面，聽到高音或聽到低音時姿勢會產生變化，自律神經的反應方式也不同。對聲音的生態反應，一般都用一千次振動以上的聲音來測試，試後大部分都會反應出來。低音方面，以前沒有發出低音的機器設備，所以到教會去借台管風琴，將兔子放在台上，牠聽到低音之後，姿勢變低瞳孔也縮小了。比喻上來說即是上下高低有其生理根據。

關於剛才宗教定義的第二項出現的神聖的體驗(畏懼、壯大、神秘、迷惑)，英國的阿里斯特・哈比寫了一本《宗教生物學》的書。他採用宗教學者歐圖的定義，例如說忠於主人的狗怕主人，如果迷惑的存在、畏懼、敬畏就是那種狀態的話，能證明此狗有宗教體驗嗎？跪拜、磕頭、向上祈禱，自己自然地會對神聖的東西產生服從的強烈感。這也證明了自己的無能力或能力的有限性。

祈禱時雙手合掌在生理上有什麼意義嗎？法國哲學家康迪亞克曾分析其感覺，即給予小娃娃一個接一個的感覺，會產生什麼變化？藉此實驗思考，一個個地分析人類的五種感官。其中證明了觸覺是唯一區分內和外的器官，也就是說觸覺是外界和自我世界的分界點。視覺無法分辨在什麼程度屬於自我世界、從什麼程度代表外界，但藉觸覺便可以分辨。視覺、嗅覺及味覺均無法區分內和外，而只有觸覺可區分。重覆兩個觸覺，即接觸自己的身體，因雙重接觸便產生自我個體的感覺，這就是雙重接觸論。如此一來合掌在接觸的領域中，因最敏感的手掌互相接觸，所以可以強烈地感覺到自我不是嗎？

以必死之心來祈求即是確認自我。跪著往上看來確認自我，進而對上位的東西產生服從。其實這上位的東西不過是自己透過媒介產生出來的身體感覺罷了。日本的神道中要敲手，或許也是需如此知覺才更清晰。

四、宗教活動和精神的影響

許多宗教都有唸經，唸經在宗教儀式中占有很重的比率，但若沒有研究經文，意思便不得而知。一般人都不了解經文的內容，只認為是敘述一些好的東西。而且經文或禱告文有其旋律，也一定有其涵意。咒文更是反覆地唸，雖然不了解其意思，卻可使精神得到安定。

或許和宗教沒有關係，但美國的健康法中有一項OM的東西，OM總歸一句話即是反覆的健康法。牟這個音最能響應頭腦，所以日本傳教很常使用。「南無阿彌陀佛」、「南無妙法蓮華經」中均有牟這個音。基督教中也有阿門，M的發音相當清楚。

我有一位朋友具有僧籍和醫學部教師身分，連續修行一週，從早到晚唸誦「南無阿彌陀佛」、「南無阿彌陀佛」，最後一天隱約看到了觀音像，這是無心地反覆唸經而浮現出的影像。聲音和舞蹈也有很大的影響力，巫毒教整晚敲擊太鼓狂舞。當然跳舞是件愉快的事，以前高中時，有什麼活動總是肩並肩圍圓圈跳舞，那時便有駕馭天下的感覺。最近有各式各樣的舞蹈，在迪斯可舞廳內，旋轉的霓虹球閃閃發光，播放強烈的音樂，跟著跳舞，我也受邀跳跳看，不可思議地漸漸感到類似以前那股狂熱的心情。

日本宗教中也有舞蹈，但不太強烈。念佛舞蹈都在隱蔽處，一邊敲著鐘或太鼓，一邊跳，跳舞時逐漸地進入幻想的世界。我認為如果再配合酒一定更有效果，即使是跳迪斯可喝了酒後效果會更顯著。也有使用幻想劑的民族，和使用梅卡爾酒或印度麻藥來產生幻覺、恍惚的例子。

音樂原來和宗教也有很大的關係，巴哈或莫札特的音樂似乎可以使精神病患平靜。我和學生、護士、醫生等舉行溝通研習會時，播放喜多郎的音樂，大家心境都疏緩下來，最後甚至有人流下眼淚。由此可見，音樂會影響人的精神狀態。

還有一點，宗教上一定會準備供品。供奉供品相對地是因為有所冀求，感覺上這是反映出人類社會的交換行為。藉宗教供奉許多供品，是希望有許多利益而努力地供奉。但是不可思議的是很快地得到回報時，人卻怠惰下來。常常專注在是否得到利益，如彩券的中獎率為百萬分之一，實在是不太可能會中獎，偶而中了一千元時，便認為自己中獎了，而再買其他的彩券。這都是人的心理作用，就像條件反射的實驗，總是只有誘餌而不會成功。

宗教活動也有孤獨一人的情況，但以集體式居多。人類原本就是團體性動物，平常會將自己的行為反應在周圍的人身上，以此為借鏡，創造自己的行為。一般認為以集團方式思考、小心行動是社會性動物的特性，不管做什麼事，團體行動一定比個人行動效果高。剛才的研討會也是儘可能以小組活動方式來承辦，至今的教育也是，大禮堂中集合學生，老師使用幻燈片在陰暗的禮堂內細聲地說話，學生想睡覺也是莫可奈何。但是老師卻認為不管說什麼，學生都會牢記在心，所以一定要說一些東西，而這通常都沒有效果。宗教一定會從小集團到大集團，組織各種集團配合行事。

另外一提，我發現熱衷宗教的人的性別、年齡好像有些傾向。世界各地仍舊以女性壓倒性地對宗教較熱衷。教祖大多是男性，雖也有女性，但這為何和年齡有關？

年輕人似乎較無宗教觀念。上了年紀，生病、痛苦煩惱也增加，清楚地了解自己的能力後，會漸漸接近宗教的活動。

五、患者應有的醫療

宗教具有加強意志的效果，苦行便是其中的一種。而祈禱是服從和自我確認的表現，這也歸納過了。是否了解到有限性之後，才能自我確認，進而要求超越自我，因此才仰賴神明呢？

在前言已敘述過了，探討左右腦的區別被認為較隨便。腦生理學者為超越自己的研究成果，默默獨自辛苦的奮鬥。但是在理解人類時以此二分法歸納的話，便可掌握現代人的特性。現代技術的世界中，在抽象世界顯示威力的語言可說是左腦的機能。它是以一種類型論來思考，一方面具備語言的理解，以語言為基礎，有其觀念，稱作左腦的機能。類似有一個分析的、算術的計算機等，在腦海中以時間的順序，準確地歸納出今天、昨天、前天，剛才和現在。

	左腦	右腦
「我」	言語的	非語言的
	觀念構成的	繪畫的感覺
	分析的	整體的
	算術的	幾何學的
	類似計算機	空間的
	有關時間的	

表4　左腦和右腦的機能（Eccles'74）

另一方面非語言的、非詞彙的、繪畫的印象之類認識，稱作右腦的機能。主控分析的是左腦，可窺見整體的則是右腦。左腦若管理算術，右腦便可一舉掌握幾何的對應關係；左腦在時間上以直線的時間軸來整理，右腦則脫離時間性結合過去現在和未來。談論到此，生理學者不免要發牢騷。但這些特性的運用應該會隨之拓展開來，歸納之後如表4所示。

事實上，左腦就是「我」，以「我」為主語藉語言來提示、整理；相對的，右腦就是「非我」、無人稱、無意識的世界。所謂的空間性也是擴大、超越自己的身體。而過去、未來都結合在一起，時間便具永遠性。

我們經常會說「有那種感覺」，這個感覺並非左腦。並不是我想做某些事，而是感覺到什麼似地整體在不明確的印象之中所形成的想法。「我」常常因分析抽象的事物陷入僵局，這時右腦全體便會製造能量。所有宗教的、神秘的事物，通常無法掌握其範圍，因此屬於右腦，所以至今仍是個謎。譬如有人突然有一天記憶復甦，不知所云地劈哩啪啦說一堆話，或是常有不知如何解釋的情形，這些都是屬於右腦。

醫療技術人員和患者之間的溝通，大部分醫療人員是左腦模式，而患者是右腦模式。醫生、護士做科學分析的工作，醫生和患者間的談話發生意見不一時，醫生會拚命加以說明。但說明的方式也是從解剖學學習來的，而且為了儘可能正確地說明，便常使用學術用語。以這種學術性的語言來說服患者，患者雖然不懂，但害怕表現於顏面會招怒醫生，所以還是回答了解。以前曾經調查過醫生所說的話患者大概可以理解多少，不是約有七八成都不記得嗎？通常只記住錯誤的部分。患者因不安，所以只注意這痛苦代表什麼意思？會死呢？還是會活下來？若可以活下去，有哪些限制？接下來會有什麼痛苦？或是都沒有呢？諸如此類和自己命運攸關的內容。溝通中最重要的一點，即是認清像患者這樣不安的人是無法好好把握語言內容的。醫生一方面使用知識，一方面應讓患者了解語言、歸納語言，也就是說一定要制止患者的不安。

醫生的問題通常有三種，第一種是中立式問題，第二種是封閉式問題，第三種是開放式問題。中立式問題（姓名、年齡、住址）答案只有一個。封閉式問題答案有兩個，頭痛嗎？ＹＥＳ或ＮＯ，拉肚子嗎？也是ＹＥＳ或ＮＯ兩種。輸入電腦的問診方式不容許曖昧的回答，所以只有封閉式和中立式問題。開放式問題是指患者會回答各式各樣的答案，針對這種回答要如何援助呢？援助到什麼程度？最近問診的技巧已經變成除了解決不安和痛苦之外，還要注意這些問題的層面。

六、宗教體驗和自我存在的意義

大致上主要的部分已經說完了，現在來思考一下實踐宗教的禮儀後會產生什麼效果吧。第一，產生信心。第二，信念或宗教。特別是信念，一般不限於宗教方面。

信念應指某種觀念的意識形態或執著某種思考方法。為了創造信念，剛才所提到的各種方法都很有幫助。第三是信仰，在此是指肯定神明、佛祖等是超越性的事物。有時信仰和信念重疊。

宗教的體驗即是剛才所提到的神聖的體驗，總感覺自己處在特別的狀態，接近神聖的事物並了解它的一種體驗。不限於宗教中人也會有此體驗，即狂喜體驗或稱作大洋體驗。剛才也提到，站在印度的貝那拉斯時，自身真的感受到受洗的體驗。之後不知什麼契機，又感到好像突然解放的體驗。心理學家馬斯羅夫稱之為Peak Experience，即最高境界、極棒的體驗，這都是由高至低。他所舉的一個例子是家人在吃早餐的情形，風和日麗，站在窗邊欣賞，啊！真是幸福，這也可稱作最高境界的體驗。

禪宗裡覺悟的體驗有很多層次，小覺悟中會擔心是否真的覺悟，大覺悟大概指一生中一次的覺悟。這種體驗是將自己累積的經驗組織而成的，與其說組織倒不如說創造比較有宗教意義。所以以此為基礎，對於死亡即死亡、生病即生病這種東西，自己應如何應付，以及會發展成什麼樣的狀態，這可說是一種構造化的方式。

若以生物學、科學的角度來看死亡的話，人是一定會死的。若說討厭死可能有點奇怪，應該是針對一定會死這件事，希望不要死而說不想死。所以一定得在意義上創造出如何做才可保持必死之身的不死性。在科學、生物學上恐怕無法做到，但在創造不死的狀態上，信念和信仰則是必須的。

例如就生物學的不死來說，生物學上即使個體死亡仍有其種族存留下來，所以只要確信自己雖死，志業仍可流傳到小孩身上即可。以前的人臨終前會集合大家說：「我就要死了，萬事拜託了！」「好！包在我身上！」自己交代給對方，所以並沒有死。父親所遺留下來的工作，全部都接收照料，由自己承傳活下去。人死只是沒有肉體，個體的活動歷史仍存在。因此如何讓它不死呢？只要說父親活在我心中，這樣便會產生安心的信念。或許這樣有點不恰當，但深具涵意便會產生信念。

另外，人會藉活動來表現自己。這才是「我」，肉體不過是輔助的一個道具，要做什麼、做了什麼，這才是自己存在的意義。讓其工作永久地流傳下去，其實就是一種不死性，如藝術家繪畫、雕刻等……。這些作品流傳到後世，即是希望別人能看到自己所做的事。莫札特的音樂仍流傳至今，表示他還活著，巴哈也是一樣。

對於從事創造或社會活動，特別是以幫助別人為己任的人而言，自己為他人盡力，可藉此發現新的人生。將自己轉化為如此，所以便會流傳下來，援助的記憶會存留在在世的人身上。所以上了年紀後，總希望做一些對社會有益的事。捐獻並非目的，而是認為藉由捐獻使自己的存在能創造不死的狀態。

所謂的大洋體驗就是站在大自然中，和大自然合而為一的感覺。人類深信自然永遠不朽，所以認為和自然合而為一的話，自己也可以獲得永生，於是產生了這種恍惚感。如此一來，便可創造出忍受死亡或痛苦的自我。所以不管在哪一種文化下，都不會捨棄宗教。只是，不光是好的一面，也會出現煩惱。創造信念還可以，但絕不動搖卻相當的困難。對於自己認為如此的事，對方或別人卻不認同而感到驚訝。不光是如此，實際上煩惱是偷偷地在自己的內心抬頭，這便對自己產生威脅，所以對必死這種不可思議的東西會採取制服的行動。

上一次有個機會和行動科學的日高先生對談，談到了戰爭的原因。為什麼人類要互相殘殺？其實是因為人類有宗教信仰。在這種情況下，所謂信念其廣義的意思就是指宗教，也就是創造、定義自己的價值，這只有人類才可能發生。動物對利害關係非常敏感，也就是說為了保護種族會爭吵，若失敗了便逃跑。而人類卻至死都緊緊抓住不放。例如戰爭，宣稱為了奪取對方的資源，這通常不是引起戰爭的理由。一定是認為自己是善而對方是惡才引起戰爭——我們在對談中談到了這些內容。

新宗教好像都有徹底實踐剛才所提的宗教的禮儀。制訂信念體系，希望信徒能改變心意，如果可以形成某種程度的體制的話，教義便不再那麼嚴謹。即使是耶穌基督或是釋迦牟尼，雖會努力苦行直到自己獲得某種體驗，頓悟之後卻對人說不要做那種苦行。在一週一次的祈禱中即使自己有稍微的改變，仍無法徹底達到深層的意境。傳統宗教也是教人適可而止的吧！

立花隆有一本《從宇宙歸來》，內容相當有趣。在美國的宗教裡，天主教神父、新教牧師、傳教士之中竟有很多人不相信神。其中以天主教最多，高居三五％的人不相信。也許有人因此會問，那麼到底什麼是宗教呢？我的答覆是沒有人規定神職人員一定要信神的道理，理由是這些主掌宗教儀式的人，只須要有相當程度的信仰、宗教熱誠、體驗以期能發揮安定社會的職責就夠了。日本的佛教中並不認同特別超越的存在，也就是說人們認為在神道中死了便成為神，在佛教中便成為佛祖。

目前生理學的試管實驗還沒有達到腦波實驗的階段，做為思考方法的解釋也不能成立。

（大阪大學醫學院教授）

作者簡歷（依刊登順序）

日野原重明

一九一一年生於日本山口縣
京都大學研究所內科博士課程修畢
現任聖路家護理大學校長
主要著作《初期治療醫生入門》、《生命終了如何生存？》

重兼芳子

一九二七年生於日本北海道
畢業於田川高等女校
目前為作家

主要著作《山谷的煙》、《女性的衰老準備》

坂上正道

一九二六年生於日本東京
畢業於慶應大學醫學院
現任北里大學醫院院長
主要著作《二十一世紀的醫學・醫療》（合著）

中川米造

一九二六年生於韓國漢城
畢業於京都大學醫學院醫學科
現任滋賀醫科大學教授
主要著作：《窺視醫學的雙眼》、《醫學認識的探究》

生死學叢書書目

揮別癌症的夢魘

羽生富士夫／著
何月華／譯

癌症是現代人健康的頭號殺手，您對癌症認識多少？癌症等於絕症嗎？不幸罹患癌症的話，要如何面對死神的挑戰？具有「上帝之手」美譽的日本名醫，以他個人的切身經驗，懇切地告訴大家，以知識對抗癌症的重要，以及許多與癌症有關的預防、醫療等方面正確的觀念，是重視保健與生命品質的現代人必看的著作。

無生死之道

盛永宗興／著
郭敏俊／譯

面對人生的生老病死，您作何感想？對於世間一切的生生死死、死死生生，感到迷惑不解嗎？請聽日本著名禪師盛永宗興娓娓道來，以生活化、深入淺出的例子，帶領我們參透生與死的迷霧，體會「一期一會」、「遊戲三昧」的生命哲學，活在每一刻當下，生死將不再是人生痛苦的代名詞。

凝視死亡之心

岸本英夫／著
閻正宗／譯

本書是日本已故宗教學者岸本英夫與癌症搏鬥十年的心路歷程。當獲知罹癌，並被宣判只剩半年壽命後，他除了接受必要的手術治療外，也開始思索生命的本質，並陸續寫下手術前後，他在死亡威脅下的心理調適和哲理思考，他也因此將肉體生命從半年延長為十年。這其中艱苦的奮鬥歷程，句句珠璣，斑斑血淚，值得品味。

美國人與自殺

赫華德・庫盧諾／著
孟汶靜／譯

本書從心理、文化的角度探討美國人的自殺行為，並以十分具有啟發性的方式，陳述出過去三百年來西方社會對自殺行為的探索過程。作者成功地綜合了西方各學派分歧的自殺行為理論，而發展出一套嶄新且具有說服力的論點，在心理與歷史學界贏得極高的評價，對研究早期華人移民的自殺行為亦有助益。

宗教的死亡藝術

肯內斯・克拉瑪／著
方蕙玲／譯

本書以比較性、宗教性的方法，探討世界主要民族與宗教關於死亡、死亡的過程以及來生等等課題所採取的態度與做法。讀者將可發現，書中所列舉的每一項宗教傳統，都在指導它的實行者，不僅在死亡前，同時就在死亡的片刻裡，就能技巧地掌握死亡。死亡可說是一門牽涉到肉體死亡與再生經驗的宗教性藝術。

禪僧與癌共生

鈴木出版編輯部／編
徐明達
黃國清／譯

一位因罹患癌症而被宣告只剩三年生命的禪僧，如何活在癌症的病魔下，如何掌握人世間的生死，將餘生投注在什麼地方？本書即是與已故荒金天倫老和尚（日本臨濟宗方廣寺第九代管長）交往過的人，藉他們的證言撰集而成的報導文學，將老和尚以三年餘生充實為精神上三十年的生命風采，再度活現於紙上。

死亡的科學

品川嘉也／著
松田裕之
長安靜美／譯

人為何一定得經歷死亡?老年是否真的是人生的累贅?「腦死」就意味著「死亡」嗎?……這些疑問，在本書中都有詳盡的討論與解答。作者從生物學的角度出發,探討與生物壽命有關的種種議題，進而提出人類面對生死問題時應有的認識與態度，是一本將死亡學提昇到科學研究的難得之作。

死亡的真諦

小松正衛／著
王麗香／譯

當被問到：「如果人生可以重來一次，你希望擁有怎樣的人生?」多數的回答可能是出身好家庭，擁有高學歷，事業穩固，平安幸福過一生。但本書作者卻說：「世間非常艱苦，人生難行，但一路行來的人生，我還想再走一次。」是什麼樣的經歷與啟示，讓他如此達觀?請隨著作者一路前行，游入古聖先知的智慧大海……。

輪迴與轉生

石上玄一郎／著
吳村山／譯

「生死事大」，為了探究它，各種哲學與宗教已提出了許多答案，「輪迴轉生」便是其中之一。這種思想出人意料地貫通東西方，幾乎發生於同一時代。它的起源如何?呈現出那些面貌?果真能解決「生死」問題嗎?這些在本書中都有廣泛而深入的探討。

生與死的雙重變奏

齊格蒙．包曼／著
陳正國／譯

意識到必朽（死亡）與對不朽的追求，深深影響著人類的生命策略。人類社會建制與文化面向的型塑過程中，更存在著「解構」必朽與不朽的辯證和互動關係。而在「現代」和「後現代」社會，這種「解構」又出現了有別於「前現代」的許多變奏。且看包曼教授如何透過集體潛意識的心理分析，從不同角度詮釋「死亡社會學」。在必朽與不朽之間，您將重新認識現代人的社會與文化。

透視死亡

大衛．韓汀／著
孟汶靜／譯

本書所探討的論點，主要有下列幾點：一、在什麼樣的情況下，個體才算死亡？二、末期病人有沒有權利決定自己的生與死？三、器官捐贈能不能得到社會大眾的認同，進而成為一件普遍的事？作者以平鋪直敘的方法，為每一個論點作了總整理，提供讀者許多寶貴的資料與觀念，在臨終與死亡尊嚴等議題的探討上，能有進一步的認識。

看待死亡的心與佛教

田代俊孝／編
郭敏俊／譯

本書由八篇演講記錄構成，內容包括親人死亡的感受、個人的瀕死體驗、對死亡的心理準備、佛教的生死觀等，發表者有僧侶、主婦、文學家、醫師、佛教學者等不同人士，從各個角度探討死亡問題。正如主辦演講的日本「探討生死問題研究會」宗旨所示，如何在老、病、死的人生當中，正視死亡的事實，學習超越死亡的智慧，讓人生更加充實，是現代人的切身課題，值得大家一同來探討。

生命的終結

阿爾芬思・德根、早川一光、寺本松野、季羽倭文子／著
林雪婷／譯

在面對末期病患或臨終的人，甚至是自己生命的終結時，我們能做些什麼？該做些什麼？是本書所要探討的主題。四位作者分別從死亡準備教育、醫療與宗教、臨終看護等專業的角度，提供他們寶貴的經驗與意見，是關心此一議題的讀者最佳的參考。透過討論死亡，了解死亡，我們的生命必能更加美好。

從容自在老與死

日野原重明、早川一光、信樂峻麿、梯實圓／著
長安靜美／譯

隨著高齡化社會逐漸到來，種種老年心理與生活的調適、老年疾病的醫療、安寧照護等等問題，一一浮上檯面，這也是每個家庭和個人都要面對的問題。本書從接受老與死、佛教的老死觀、老年與疾病、末期照護等等角度，提出許多觀念與作法。藉由思考生命末期與老和死的種種課題，期望每一個人都能獲得一種從容自在的智慧與人生。

生與死的關照

村上陽一郎／著
何月華／譯

死永遠超越我們人類的「理解」，人類如果不能體認這個事實，醫療便會陷入「器官醫學」的窠臼之中。作者透過對現代醫療種種問題的根本探討，如醫療倫理、醫院內部感染、器官移植、安樂死、腦死、告知權、愛滋病等，重新思考生為何物？死為何物？什麼才是正確的醫療？觀念新穎，析理深刻，是您不可錯過的一部「現代醫療啟示錄」。

超自然經驗與靈魂不滅

卡爾・貝克／著
王靈康／譯

自古以來，人類對來生的想像便不曾中輟。「第六感生死戀」、「穿越陰陽界」等電影的風行，正反映現代人對轉世與投胎的濃厚興趣。但西方的唯物論和科學主義卻斥為迷信，到底孰是孰非？本書即在透過科學化的研究，深入探討死亡過程的異象與靈魂不滅的假設。顯像、附體、前世記憶、臨終體驗等現象是真是假？當生命結束後，人類某些「重要特質」會繼續存在嗎？本書有您想知道的答案。

超越死亡

霍華德・墨菲特／著
方蕙玲／譯

莎士比亞稱死亡為「未被發現的國土」，因為尚無人能像哥倫布發現新大陸一樣，在造訪該地之後回來向世人述說他的經歷。但自莎翁時代以降，有關這項古老秘密的研究工作，已有不一樣的風貌，本書即是其中的佼佼者。作者透過宗教、哲學、神秘主義以及經驗證明等比較觀點來檢視死亡，為我們揭開死後生命世界的奧秘。

生命的安寧

鈴木莊一等／著
徐雪蓉／譯

有別於一般病人，末期病人的醫療與照顧，需要我們投注更多的關懷與付出，才能幫助病人安寧地走完人生。本書六位作者分別站在醫療與宗教的角度，透過親身體驗，以「從初期護理看末期醫療與宗教」、「宗教對醫療之重要性」、「佛教福利與末期護理」、「日本療養院的宗教與醫療」為題，提出他們的看法，值得大家參考。

從癌症體驗的人生觀

田代俊孝／編
徐明達
黃國清／譯

當遭逢周圍親友身故，或曾經體驗死亡經驗時，對人生與事物的看法，將會有所改變，尤其有過癌症體驗的人更是如此。本書即是日本「探討生死問題研究會」以此為主題所收集的八篇演講實錄編輯而成。癌症雖可怕，卻也是生命的一大轉機。「向癌症學習」、「向死亡學習」，這樣的人生經驗，彌足珍貴。

心靈治療

佐佐木宏幹等／著
李玲瑜／譯

面對生死問題，人類的反應模式和其自身的「世界觀」有著密不可分的關係。自古以來，民俗宗教在醫療上所佔的地位，更是舉足輕重。但在宗教與醫療各自分工的現代社會，這種現象是否依然存在？民俗宗教與現代醫療如何相輔相成？信仰與精神醫學有何互動關係？新興宗教在日本社會又扮演何種角色？這些在本書中都有深入而廣泛的探討。

死而後生

田代俊孝／編
吳村山／譯

為了充實自我的人生，也為了能與面臨死亡的人同其感受，一起超越死亡的痛苦，深入探討死與生，不是很重要嗎？秉持這個宗旨，日本「探討生死問題研究會」定期舉辦研討會，並將演講內容彙集刊行，本書即其成果之一。正視死亡，才能讓生命更加充實。由生而死，從死看生，正有待我們認真玩味思索。

生命的抉擇

藤井正雄等／著
陳玉華
李金玲／譯

器官移植牽涉的層面極廣，它與人們的生死觀、民俗宗教信仰和對遺體的看法都有密切的關係。而不管從宗教、醫療或法律的角度去探討，贊成與反對雙方皆持之有故，不易取得共識。這種情形在日本尤為明顯。本書即是日本「醫療與宗教協會」就此議題所收的四篇專論。對於此一攸關生命的抉擇，您有何看法？本書提供您許多思考方向。

回歸真心

川喜田愛郎等／著
陳玉英／譯

人們常說，用心就能把每一件事做好。面對人生的生老病死，更需要我們秉持一顆真心，坦然以對，積極地尋求解決。本書四位作者分別以其專業素養，與讀者暢談醫療與生命倫理、生病的哲學、身心如何相輔相成，以及宗教的生命觀。從心出發、恢復本性，我們必能活得更加美好。

生命的尊嚴

日野原重明等／著
鄭惠芬
呂錦萍／譯

現代醫療藉助科技之便，成功治癒許多疾病，挽回無數生命。但在這過程之中，病人卻逐漸被「物化」，喪失做為一個人應有的尊嚴，醫療結構也存在許多弊端。本書即針對此一現象提出反省。如何結合醫療與宗教，讓人人安然面對病痛和死亡，是每個現代人的切身課題。